【図説】
三国志の世界

劉 煒［編著］／氣賀澤 保規［編訳］
Liu Wei／Kegasawa Yasunori

大修館書店

図録三国的時代
——人物·戦争·都城遺跡——

序文

――日本語版によせて――

三国時代は中国史における群雄争覇の時代であり、後漢末から九十余年の間、各地に豪強が割拠して、互いにしのぎを削りました。大将は本陣ではかりごとを巡らし、将士は戦場に繰り出し、後世の人々を驚嘆させてやまない働きをたてたのです。元末明初に成立した小説『三国志演義』は、そこからさらに、波乱勇壮な戦場の場面と転変極まりない兵法と権謀の姿を膨らませて描き出しました。『三国志演義』は中国では誰もが知っておりますが、それぱかりか海外でも広く人々の間に流布しております。

中国文物報社は先に、私が責任者となって、全国13の省や都市の三国時代の遺跡と遺物を調査し、大量の文物の写真資料を集めました。これら豊富で多彩な文物と古跡の資料は、三国時代の政治・経済・軍事・文化の状況を浮き彫りにしてくれます。したがって本書は、その時得られた資料にもとづき、英雄たちの足跡にしたがって、当時の歴史の真の一面を記録し、あわせて読者に調査の成果を示そうとするものであります。

本書の企画、執筆から原稿確認の過程で、国家文物局副局長・中国文物報社社長の彭卿雲先生に、終始多大なご協力とご後援を賜りました。ここに深甚なる感謝の気持ちを表明いたします。

本書の刊行後しばらくして、私の友人であります日本の大修館書店の森田六朗氏から、本書の日本語版を明治大学の氣賀澤保規先生の訳で出版したい旨の相談を受けました。私はそのお話を光栄に思い、急遽日本の読者のために部分的に補充・修正し、前後を少し差し替えた原稿を送りました。また翻訳にあたっては、日本人読者に向けて一部文章の変更や補充、写真や図表あるいはコラムの追加をして、一層読みやすくする工夫がなされることなども、氣賀澤先生と北京でお会いしたおり、直接うけたまわって了承いたしました。

私は今、私のもとでまとめた『図録三国の時代――人物・戦争・都城遺跡』が、どのような新たな体裁をとって日本の方々の前に出されるか、心待ちにしております。本書は写真と図表を中心にして三国志の世界に迫った新たな試みであり、必ずや広く関心をもっていただけると確信します。その上で、これを見られた方々が実際に現地を踏み認識を深めて下さることを願っております。

2001年3月

中国文物学会秘書長

中国文物交流中心助理主任

劉　煒

図説　三国志の世界

【目次】

第2部　三大戦役と戦略要地

第3部　三国の都城と険要の地

■コラム

■表

■地図

三国時代関係地名遺跡図
遼水
魏
蜀
呉
雲中
（北京）
幽州（薊）
楽浪郡
涿州
涼州（武威）
太原
冀州
汾水
鄴（魏郡）
河水
青州
白馬
黄
済
天水
街亭
五丈原
運城（解州）
官渡
祁山
陳倉
渭水
函谷関
洛陽
虎牢関
沛国
徐州
長安（西安）
陽平関
陰平
漢中
定軍山
許昌（潁川）
譙郡
南陽
新野
淮水
漢水
剣門関
梓潼
西漢水
葭萌関
襄陽
当陽（麦城）
合肥
建業（南京）
京口（鎮江）
太湖
（上海）
白帝城
三峡
長阪坡
（武漢）
盧江
長江
成都（益州）
巴郡（重慶）
夷陵
江陵（荊州・南郡）
赤壁（蒲圻）
武昌（江夏）
鄱陽湖
呉郡（蘇州）
洞庭湖
長沙
南昌
建寧
桂陽
夷洲
交州（南海・広州）
交趾（交州）

序章　三国と『三国志演義』

三国――中国史に特筆される時代

――合すること久しければ必ず分れ、分れること久しければ必ず合す。

『三国志演義』の冒頭を飾るこの言葉は、三国の歴史を集約するとともに、中国史全体を概嘆したものである。王朝の交替、群雄の興起が繰り返され、統一と分裂が交互に繰り広げられる中国史。そのなかで、“三国の鼎立《ていりつ》”という特殊な姿をみせるこの時代は、後漢霊帝の中平元年（紀元184年）の黄巾《こうきん》の乱から、西晋武帝の太康元（280）年に呉の孫皓《そんこう》が晋に降《くだ》るまで、都合96年におよび、その間数えきれない英雄たちが中原《ちゅうげん》に鹿を逐《お》い、多くの興亡の物語が残されたのである。

三国時代の始まりを語るには、後漢の末から説き起こさなくてはならない。

漢代人《びと》の多くは方術（神仙の道、不老不死の術）を信じ、朝廷はそれを禁じなかった。後漢末、鉅鹿《きょろく》（河北省）の人・張角は太平道を伝えて10年、河北・河南・安徽《あんき》・山東・湖北において信徒数十万を組織するに至った。184年、張角は部下を各地に出し、“蒼天已《そうてんすで》に死す、黄天当《まさ》に立つべし”のスローガンを流し、信徒には黄色のターバンを頭につけさせ、冀州《きしゅう》（河北省）で一斉に挙兵し洛陽にむけて進軍を始めた。その頃、朝廷では幼帝が立ち、宦官が長年朝政を動かすなかで、弱体化が進んでいた。そうした情勢下、地方の軍事権を握った大官や私兵を蓄えた豪族たちは、黄巾の討伐に名を借りて次々と独立割拠した。ここに数十年間にわたる三国争覇の幕が切って落されたのである。

群雄たちが争いあう最初の段階で、最も大きな勢力をもったのが袁紹《えんしょう》と董卓《とうたく》であった。189年、并州《へいしゅう》牧（長官）の董卓は大将軍・何進《かしん》に、宦官を押えるために都に呼ばれたが、都に入る前に何進が殺され、その部下であった袁紹が、宦官を皆殺しにした。これによって後漢の宦官専横に終止符が打たれると同時に、軍閥が天子を擁し諸侯に号令をかける新たな局面が生まれた。

（次頁）咆哮する黄河
今日の河南・山東西部・河北南部・山西南部および陝西東部の黄河の中・下流域一帯は、古来中原とよばれた。ここは歴代天下を狙うものが必ず争う場所、三国の物語もここで幕を開けた。

董卓は洛陽に入ると、わずか9歳の劉協（献帝）を立てて実権をにぎり、袁紹はやむなく都を逃れた。翌年、関東（函谷関以東）各地の勢力は袁紹を盟主に推して、董卓の討伐に動き出し、董卓は献帝を連れて長安に逃れた。『三国志演義』では、そのとき両軍は虎牢《ころう》関と汜水《しすい》関（河南省）で会戦したとする（第6回）。董卓は逃るに先だって、洛陽に火を放ち焼き尽くしたため、一帯数百里は灰燼に帰した。

2年後（192年）、董卓は部下の武将・呂布《りよふ》と司徒・王允に刺殺され、長安城付近は大混乱におちいり、献帝はそれに乗じて洛陽に逃げもどった。

しかし、

この時に当り、尺土《せきど》（少しの土地）も復《ま》た漢のものに非ず。

（『三国志』巻2文帝紀注「献帝伝」）

という状況であり、代って軍閥が馬を躍らせ鞭を振い、天下を争奪しあう、まさに、

名豪大侠・富室強族が飄揚雲会《ひようよううんかい》して、万里相い赴く（野心をもつ英雄豪傑が互いにしのぎを削る）

（『三国志』巻2注「典論」）

という時代へと突入していた。

袁紹は河北の冀州・青州・并州の3州に拠り、曹操は河南東北の兗州《えんしゆう》・予州の2州に拠った。また公孫瓚《こうそんさん》は幽州、劉備・呂布は徐州、袁術は淮南《わいなん》、劉表は荊《けい》州《しゆう》、劉焉《りゆうえん》は益州、孫策は江東、韓遂《かんすい》・馬騰《ばとう》は涼州《りようしゆう》、公孫度は遼東を、それぞれ占拠した。それから長年の抗争を繰り返したのち、最後に3勢力が天下に鼎立する。すなわち中原に覇を称えた宦官の家の出の曹操（曹魏）、江東（江南）を基盤とした豪族の孫権（孫呉）、漢室の流れをひく劉備（蜀漢）である。

三国時代は群雄が並び立ち、転変極まりない時代である。この歴史の舞台の上で、政治の謀略や外交の駆け引き、戦場での激しい衝突が繰り広げられた。各国の力は一方が弱まれば他方が強く、今日の味方も明日は敵、強者は弱者に落ち、弱者は強者に転化する。その事態が激し

後漢騎兵部隊
（陝西省咸陽前漢高祖長陵陪葬墓出土、陝西長陵博物館蔵）

（左）漢朝近衛部隊
（陝西省咸陽前漢高祖長陵陪葬墓出土、陝西長陵博物館蔵）

（右）盾をもつ歩兵俑

▶後漢後期、戦争の規模は拡大し、騎兵が軍隊の主力となった。ことに北方の騎兵の戦闘力は南より強かった。これらの騎兵を題材とする兵馬俑群は、後漢から三国時代の尚武の精神を反映させたものである。

諸葛亮像（『三才図会』）

関羽像（『三才図会』）

く変化するさまは、まるで天地が逆転するかのようであった。この風雲急を告げる時期に、数えきれないほどの英雄俊才が出現するが、なかでも人々の心に刻まれてきたのが、次の３名であろう。

諸葛亮　中国の歴史に現れた多くの名宰相のなかで、人々がそろって推すのは諸葛亮その人である。彼は草廬《そうろ》に隠棲しながら天下三分を見通し、劉備を助け、巴《は》蜀《しょく》（四川省）を平定して蜀漢を建て、一生を国家に捧げ身を粉にして働いた。中国人の心に刻まれた諸葛亮は、名宰相で忠臣、そして智慧の固まりであった。

関羽　中国史上名将はきら星のごとく並ぶが、そのなかでもきわだった存在が関羽である。彼は劉備のもとに帰るために、関を破って敵将を斬り、夜は『春秋』を読み、単騎千里を走りぬく勇猛さと知性、そして忠義心を一身に兼ね備えた人物として、長く“武聖”とあがめられてきた。

曹操　優れた才能と狡猾さとをあわせもった三国時代の中心人物、いわゆる治世の能臣、乱世の奸雄である。官渡《かんと》の戦いでは少数で多数に勝ち、烏桓《うがん》を討って北方を併せ、天子を擁して諸侯に号令をかけるなどの行動は、みな彼の知謀と胆力のなせるわざであった。

時代が英雄をつくり、英雄が時代をつくる。三国時代、多彩な人材が登場し、さまざまな出来事が続いたが、これらは史書に載るだけでなく、民間に広くいい伝えられてきた。歴代の詩人はそれを詩に詠み、戯曲の舞台ではそれを演じ、さらには街頭の講釈師はそれに節をつけて語ったのである。これら舞台や街頭で演じられ語りつがれてきたものが、羅貫中《らかんちゅう》のもとでまとめられ、元末から明初の時期に、１つの歴史長編小説『三国志演義』となって世に現われたのである。

『三国志演義』——中国歴史小説の代表

『三国志演義』は正史『三国志』に基づいて作られた小説である。『三国志』の著者・陳寿《ちんじゅ》(233～297)は、安漢（今の四川省南充の北）の人。かつて蜀に仕えたが、しばしば宦官・黄皓《こうこう》に阻まれて志を遂げられず、西晋の時代になって著作郎（史書編纂官)、治書侍御史（検察官）を歴任した。晋は魏を継いだため、『三国志』は魏を三国のなかで唯一の正統王朝とし、魏を中心にすえ、蜀と呉を低く抑えている。

その後、南朝・宋の裴松之《はいしようし》(372～451)は『三国志』に注をつけたが、その注の文章は本文に比べて３倍も多い。これは裴松之が陳寿とは異なり、政治上の気遣いをして曹操の欠点を包み隠したり、蜀や呉を低く貶《おとし》める必要がなかったからである。彼の注によって後世の人々は、より多くの真実を理解することができるようになり、その価値は『三国志』本文よりはるかに高いともいえる。小説『三国志演義』の多くの場面も、裴松之の注か

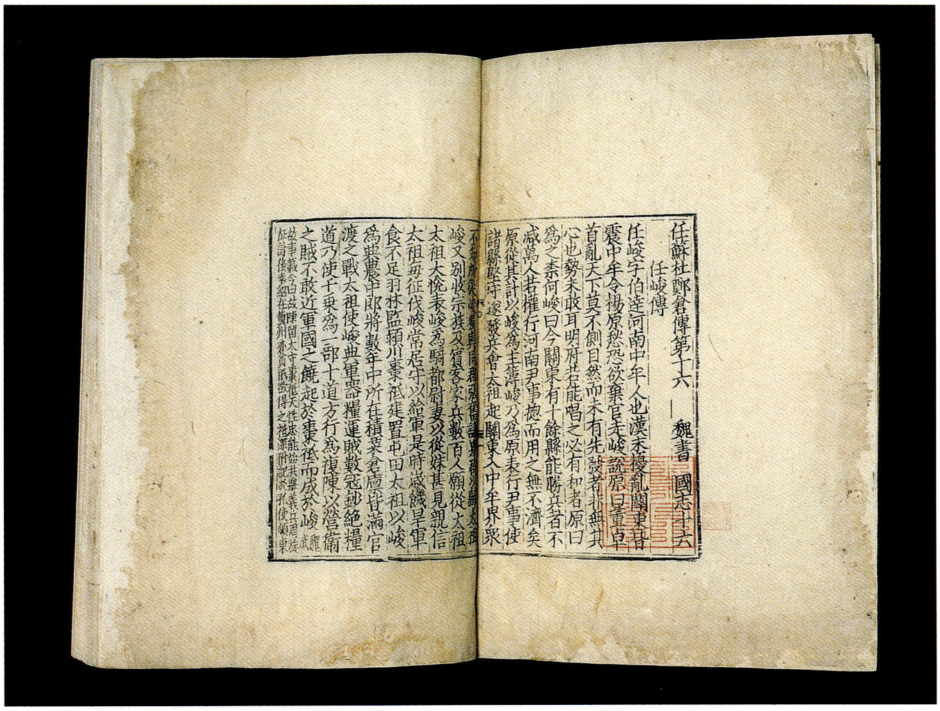
任蘇杜鄭倉傳第十六　魏書　國志十六
任峻傳
任峻字伯達河南中牟人也漢末擾亂關東皆
震中牟令楊原愁恐欲棄官走峻說原曰董卓
首亂天下莫不側目然而未有先發者非無其
心也勢未敢耳明府若能唱之必有和者原曰
爲之柰何峻曰今關東有十餘縣能勝兵者不
減萬人若權行河南尹事總而用之無不濟矣
原從其計以峻爲主簿峻乃爲原表行尹事使
諸縣堅守遂發兵會太祖起關東入中牟界衆
峻又別收宗族及賓客家兵數百人願從太祖
太祖大悅表峻爲騎都尉妻以從妹甚見親信
太祖每征伐峻常居守以給軍是時歲饑旱軍
食不足羽林監潁川棗祗建置屯田太祖以峻
爲典農中郎將數年中所在積粟倉廩皆滿官
渡之戰太祖使峻典軍器糧運賊數寇鈔絕糧
道乃使千乘爲一部十道方行爲複陳以營衛
之賊不敢近軍國之饒起於棗祗而成於峻

宋刊本『三国志』
『三国志』は西晋・陳寿の著したもので、三国時代の主要な史料。羅貫中の『三国志演義』の材料は主にこれからとられている。

街頭の講談風景
運河を行き交う船、賑やかな人ごみの中に、講談師らしきものを囲んで話を聞く人の輪がここかしこに見え、往時もかくやとしのばせる。この画巻は北宋・張《ちょう》択端《たくたん》筆の同名画を模した清代の作品。（『清明《せいめい》上《じょう》河図《がず》』（清・画院合作本）より）

ら出ているのである。

正史以外にも、『三国志演義』は多くの民間の伝説を吸収している。三国時代の物語は長い時間をかけて広がるなかで、豊かな民間の話題を生み出した。唐の著名な詩人李商隠《りしよういん》の「驕児《きようじ》の詩」にはこういう。「或いは張飛の胡《ひげ》を謔《たわ》むれ、或いは鄧艾《とうがい》の吃《きつ》を笑う」と。これは唐代の子供たちが三国の話をよく知り、喜んで口にしていたことを表わすものである。

宋代では講釈師が三国の話を語った。宋の文学者・蘇軾《そしよく》は『東坡志林《とうばしりん》』において、当時の子供たちがよく講釈師の三国物語を聞きに集ったことを記している。彼らは劉備が敗れるのを聞くと眉をしかめ、なかには泣き出すものも出たが、曹操が敗れるのを聞くと大喜びして歓声をあげたという。

元代の雑劇《ざつげき》の舞台で演じられた三国の演目は数十もあったが、そのなかの関漢《かんかん》卿《けい》の『関大王単刀会《かんだいおうたんとうかい》』は永遠の名作であり、今日の崑劇《こんげき》(明末清初に流行した旧劇)でもなおそれを劇の台本に採用しているのである。元代の講釈師が三国を語るのには、すでに1つのひな型ができていた。現存する元の至治(1321～1323)刊本の『三国志平話』は、当時の講釈師が語る台本を整理してできた読本である。それはすべて庶民的な目で三国の人物や出来事を見つめ、因果応報の色彩が濃く、多くの迷信や伝説が混在しているが、その文章は素朴で華美に流れず、つぎにくる『三国志演義』の姿をすでに具えていた。

『三国志演義』は民間文学に基づき、それに歴史事実を重ねて創作されたものである。作者・羅貫中(推定1330～1400頃)は元末明初の山西省太原の人である。現存する『三国志演義』の最も早い刊本は、明の嘉靖《かせい》年間(1522～1566)刊行の『三国志通俗演義』であり、清初、毛宗崗《もうそうこう》が一部修正を加えて、今日の通行本となったのである。

『三国志演義』は中国を代表する長編歴史小説であり、しかも中国の長編小説の基礎を築いた作品である。それまでの講談には、"講史"(歴史物)という分野があったが、それは民間伝説を採集し、好みによって虚構をふくらませ、史実からかけ隔《へだ》たったものになってしまった。その反省から、のちに『資治通鑑《しじつがん》』に基

■中国歴代主要小説一覧

書　名	巻・回数	作　者	成立年代
三国志演義	通行120回本	羅貫中	元末明初
平妖伝（三遂平妖伝）	8巻	羅貫中（馮夢龍補作）	元末明初
水滸伝	通行70回本	施耐庵（羅貫中改訂）	元末明初
西遊記	100回	呉承恩	明代中葉
封神伝（封神演義）	100回	許仲琳？	明代中葉
金瓶梅	100回	王世貞？	明代中葉
儒林外史	55回	呉敬梓	清代初期
紅楼夢（石頭記・金玉縁）	120回	曹雪芹（後半は高顎）	清代初期
聊斎志異	16巻	蒲松齢	清代初期

関羽と周倉
舞台で演じられる「三国志演義」。

『三国志演義』明刻本
“第一才子書”と呼ばれた。

づき、伝説部分を極力除き、史実を多く取り入れたものが現われたが、逆に史書のダイジェスト版となり、型にはまった面白みを欠くものになってしまった。これに対し『三国志演義』は７割が事実で３割が虚構、虚と実が１つに溶け合い、ないまぜになったあげく、ついには虚構が史実として通用する事態すら生んだのである。

中国の庶民たちが三国の歴史について持っている知識は、ほとんどが『三国志演義』か三国関係の戯曲から来ているが、学者先生たちですら虚構を事実と認識する始末であった。清代の詩人・袁枚《えんばい》の『随園詩話』のなかに、つぎのような話が載っている。

崔《さい》という姓の詩才に秀でた１人の進士（科挙に合格した者）がいたが、彼はある作品のなかで、虚構と史実をすっかり混同し、関羽が華容道《かようどう》で曹操を逃がしたことを厳しく責めている。ところが、これは『三国志演義』のなかにしかない話で、このことからも『三国志演義』がいかに人々の心に深く浸透していたか分るだろう。

『三国志演義』が人々を魅きつけてやまないのは、生き生きと躍動する人物像を作りあげたことによる。ともに覇権を争い王朝を創業した劉備、曹操、孫権はそれぞれ強い個性をもって描かれ、主帥《しゆすい》たる諸葛亮、司馬懿《しばい》、周瑜《しゆうゆ》、陸遜《りくそん》らも、それぞれ独自の性格づけがなされている。武将として活躍した関羽、張飛、趙雲、許褚《きよちよ》、張遼、典韋《てんい》、黄蓋《こうがい》、呂蒙《りよもう》らは、各人各様の生気にあふれ、策士として動いた徐庶《じよしよ》、龐統《ほうとう》、郭嘉《かくか》、楊修、魯粛《ろしゆく》、張昭らも、それぞれ個性的である。

このほか、『三国志演義』を特徴づけているのは、その壮大な構想と巧みな配置である。当時の複雑に入り組んだ出来事を、無駄なくしかもわかりやすく繋げ、まとまった筋立てに仕上げ、そこに波乱に満ちた起伏や曲折をつけ、長編の演義小説という独自の形式をつくりあげたのである。

第1部　三国の人物と古跡

1　乱世に登場した三国の君主

三国時代の各国の君主は政治という舞台における主役であった。戦場において彼らは誰をもしのぐ働きをし、これによって歴史の命運を一変させたのである。

曹操

曹操(155～220)は魏の武帝である。沛《はい》国・譙《しょう》（安徽省亳《はく》県）の人。字《あざな》は孟徳。父の曹嵩《すう》は後漢の宦官・曹騰《とう》の養子である。後漢の末年、曹操は洛陽北部の尉《い》に任ぜられた。184年に黄巾の乱の討伐に加わり、済南国の相《しょう》につけられた。彼はその後広く兵馬を集め、192年、山東青州では黄巾軍30万を収めて、青州兵と号した。196年、後漢の献帝を迎えて許昌(河南省許昌市の東)に都し、天子を擁して諸侯に号令するという目的を達した。この後、彼は呂布などの勢力を平らげ、官渡の戦いでは袁紹を撃破し、北は烏桓を征し、西は涼州を討ち、北中国を統一した。しかし赤壁の戦いで大敗し、これを境に蜀漢・孫呉との三国鼎立《ていりつ》の形勢が出現した。220年、曹操は洛陽で没した。その子・曹丕《そうひ》は帝位につくと、追尊（子の身分に応じて、その亡父に尊号を送ること）して曹操を魏の武帝とした。

曹操の治績

『三国志演義』では、曹操は“奸雄”の姿で登場しているが、実際の歴史上の曹操は非常に有能な政治家であり、軍人であり文人であった。国を建てるに当り、彼は農に根本を置き、前漢以来つづいた

曹操像（石刻）

（次頁）曹操の故郷を流れる渦水の風景　曹操の故郷は沛国・譙（安徽省亳県）である。彼はここから20歳で孝廉に挙げられ、中央へと乗り出した。付近には今も曹氏一族の墳墓が残される。

青州兵

191年、山東地方から飢えに迫られて北上した青州黄巾軍は、公孫瓚《こうそんさん》に大敗し、進路を西南に転じて兗州《えんしゅう》に入り、兗州刺史・劉岱《りゅうたい》を戦死させた。劉岱に代って刺史に推された曹操は、苦戦の末、192年の暮、黄巾軍を済北に追い詰め、武装兵士30余万、男女百万余の民衆を降伏させた。そのなかから精鋭を選りすぐって編成したのが、青州兵である。彼らは、28年後の220年正月に曹操が死ぬまでずっと曹操に仕え、曹操軍の主力の一部をなしたが、曹操が死んだと聞くや、天下はふたたび乱れるぞといいながら、太鼓を打ち鳴らし、勝手に洛陽から立ち去ったという。このように青州兵は曹操私属の性格がつよく、曹操も彼らを優遇したようで、そのためか軍規が緩みがちであった。呂布との戦で、呂布の騎兵が真っ先に青州兵を突くと、青州兵は浮足だって陣が乱れ、曹操は落馬、手に火傷を負った。また曹操が張繡《ちょうしゅう》に敗れた時、敗走する友軍を掠奪するなど、なかなかやっかいな一面があったことが伝えられている。

許昌の漢献帝の祭天台（毓秀台）
後漢の献帝は許昌で曹操に擁立されると、ここに祭天台を建て、祭天の儀式を行った。高さ15m、広さ200 m^2。毓《いく》秀《しゅう》台《だい》とも呼ぶ（144頁参照）。曹魏故城の西南の隅にあった。許昌では毎年４月８日、祭天台で祭りが行われる。この行事は今日までつづき、参加者は万余にも上る。手前左の土守りは魏故城の城壁の跡という。

後漢の献帝陵
196年、曹操は漢の献帝を許昌に迎え、「天子を挟んでもって諸侯に令す」こととなった。こののち曹操は、北方に覇を称える最強の軍閥に成長する。漢の献帝は許昌城外（魏の故城の西南）に葬られた。

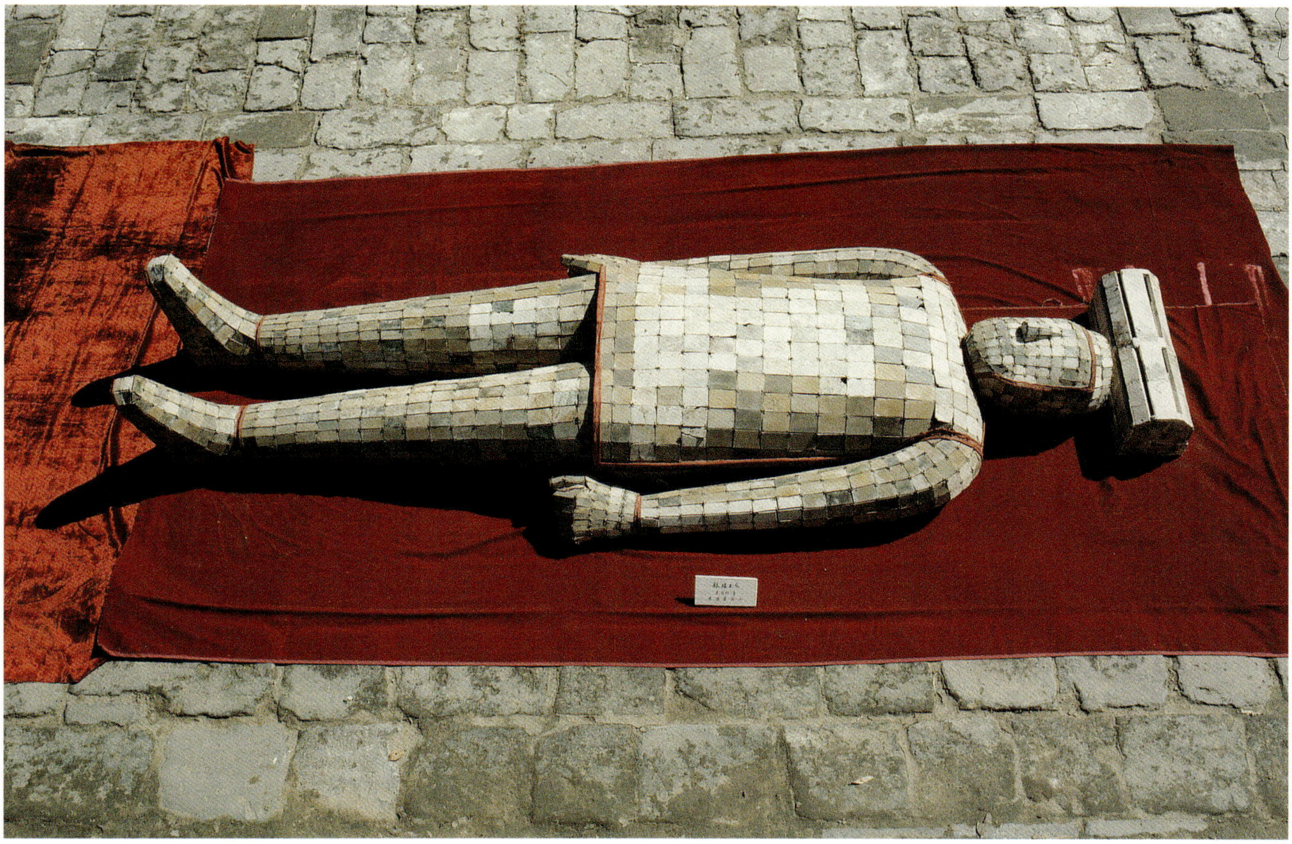

税制を改めた。そこで畝《ほ》(500㎡)ごとに4升の租税をとる制度を定め、その他の諸税を除き、耕作を奨励し、土地の独占を禁止した。また大々的に運河を開き、潅漑の便をはかり、華北の農業経済を発展させ、農民の生活を安定させた。彼は最初に屯田《とんでん》制を始め、土地を持たない民を住まわせて官田を耕作させ、軍隊を駐《とど》めて屯田を営ませた。その屯田は10人を基準にすれば、8人が耕し2人が警備にあたる形をとる。曹操軍が開いたこれら1万頃《けい》（5万ha）の屯田から得られた数百万斛《こく》（数万klに当る）の穀物が、征戦における兵糧不足を幾度も救ったという。曹操は行軍時、軍中に作物の保護を命じ、あえてそれを破るものは死刑に処すとした。ある時彼の馬が驚いて苗を踏み付けたことがあったが、曹操はすぐさま剣を抜いて自分の髪を切り罪を謝した。

人材起用の面では、彼は「不孝なるも治国用兵の術有る」身分の低い者でも官に取り立てたので、麾下《きか》には多くの人材が集った。このほか、文学の面でも並々ならぬ造詣を示し、歴代の皇帝中、屈指の才子とされる。彼は、

　高みに登れば必ず賦《ふ》し
　之に管弦を被《き》せれば皆楽章と成る

といった風であった。彼を先頭に、建安文学(後漢献帝の建安年間の文学)が花開いた。それは「建安の風骨」とよばれ、文学史上に高く位置づけられている。彼の詩歌は心情をありのままに表現し、その

銀鏤玉衣《ぎんるぎょくい》
後漢末年の曹操一族墓から出土した副葬品。玉衣は漢代の皇帝・皇后・諸侯王ら地位の最も高いものたちがつける葬服であった。地位によって、金鏤・銀鏤・銅鏤の3等級に分けられ、銀鏤玉衣は本来諸侯王用のものであった。曹操一族のものが銀鏤玉衣を用いていることは、一族の身分の高さを裏づけるとともに、後漢末期、玉衣に凝縮された帝王の礼制秩序がすでに崩れていたことを明らかにする。

▶曹操は帝業を成就できなかったが、息子曹丕《そうひ》が漢を奪い魏を建てる基礎を定めた。それゆえ魏は建国後、曹操を「魏の武帝」と追諡《ついし》したのである。

魏の屯田

屯田とは、一般には兵士が戦争のない時に農業をすることをいうが、魏にはこれとはまったく違う性格の屯田、すなわち典農部《てんのうぶ》屯田というものがあった。これは農民の集団農場で、民政官に属さず、最高責任者の典農中郎将《ちゅうろうしょう》以下、典農校尉《こうい》と典農都尉《とい》という軍官の軍隊風の管理下に置かれた。典農部農民はそこで、牛を持つもので収穫の4割、官牛を借りるものは5割を官に納入するという、一般農民よりもはるかにきびしい負担をしいられた。この方式は、曹操が献帝を迎え、許昌に都をおいた建安元（196）年、棗祗《そうき》と韓浩《かんこう》の提案ではじまり、初代の典農中郎将・任峻《にんしゅん》が完成させたものである。当時は、うち続く戦乱のため農民が流散し、持ち主のない土地がたくさんあり、また荒れ果てた土地が広がっていた。いっぽうで、流散農民は生活の基盤を失い、社会不安の原因となっていた。この状況を救い、あわせて農業生産を再建し、経済基盤を強化するというのが、典農部屯田の目的であり、これが魏の発展に果たした役割はとくに大きかった。

営塁図
旗指し物がたなびく軍営。

牛耕図
2匹の牛が並んで引くのは後漢末期に流行した先進耕作の方式で、屯田において広く行われた。

馴馬図
軍馬を訓練する場面。

甘粛省嘉峪関《かよくかん》の魏晋墓壁画
軍事屯田の様子を伺わせる。曹操は国力を増強し、財政を改善するために、内地から辺境にかけて大々的に屯田を開き、軍糧の不足を解決するとともに、流民を土地に落ち着かせて、社会の安定と戦略上の措置という両面の課題を克服した。

江蘇南京の孫権墓
孫権は父や兄が築いた基盤の上に、江東で呉を建国した。呉は三国中で一番命脈の長い国であった。

孫権が拠った江南の水郷
孫権の支配した領土は、物産が豊かで、土地は肥沃、経済文化の発達した地域であった。

気魄は非凡である。文章はすっきりと洗練され、才気は縦横にわたる。また兵法に精通し、『孫子略解』などの著書がある。史書にみえる曹操は、並外れた才能と遠大な計略をもった人物として描かれているが、それは『三国志演義』が与えた“奸雄”の像とはいささか食い違っている。

孫権

孫権(182～252)は呉の大帝で、呉の創業者である。字は仲謀、呉郡富春(今の浙江省富陽県)の人。父の孫堅は後漢の長沙太守となり、後漢末期の戦乱に乗じて勢力を広げ、長兄の孫策があとを継いで江東(江南)に孫氏政権をうち立てた。孫策の死後、孫権は父と兄の事業を継承し、江東６郡に勢力を張り、富強となった。彼は優れた人材を積極的に受け入れ、その地の原住民である山越《さんえつ》を鎮撫し、着実に兵力を増強した。

208年、劉備と連合して曹操軍を赤壁で破り、魏・呉・蜀の三国鼎立の形勢を確定した。219年、荊州を奪取して関羽を捕殺し、長江の全要害を押えた結果、以後劉備と仇敵になった。劉備は蜀で帝位につくと、呉を伐つべく自ら出征し、関羽の仇を報いようとしたが、夷陵《いりょう》で大敗させられた。孫権も229年に皇帝を称し、周瑜《しゅうゆ》・魯粛《ろしゅく》・呂蒙《りょもう》・陸遜《りくそん》などの人材を重用し、東南の地に数十年間君臨した。曹操はかつて感嘆していったものである。

　子を生まば当《まさ》に孫仲謀(孫権)の
　如くあるべし

(『三国志』巻47孫権伝注「呉歴」)

と。252年、孫権は没し、南京の梅花山に葬られた。

呉国神獣紋鏡（三国呉）
この鏡の周縁には『詩経』の文章が刻されている。彫出された紋様は精細で、当時の工芸技術の高さと使用者の好みが反映されている。

青釉人獣堆塑罐（三国呉）
呉から晋代にかけて、江南を中心に、壷の上部に小さい壷や建物や人物を乗せて焼いた独特の焼き物、堆塑罐《ついそかん》（神亭壷）が制作された。当地の貴族たちは死後の霊魂の不滅を信じ、天堂に昇るある種の宗教的意味をこめて、墓中に埋葬したと推定されるが、まだよくわかっていない。上部に多くの仏像を配し、仏教の流行を裏付けるものもある。

孫権の治績

呉の統治政策は魏や蜀ほど成熟していなかった。孫権が政権を受け継いだ当時、彼はわずか18歳の青年に過ぎなかった。彼は自らの地位を強固なものにするため、対内的には江南の名族と婚姻し、対外的には劉備と婚姻を結んだ。曹操の死後、孫権も軍隊に屯田を命じ、呉軍は孫家の農奴のごときに化した。その後交易範囲を広げるなかで、呉軍は呉の商業活動の担い手となり、長江ぞいの各所には呉軍の商船が見られた。呉の産物として有名なものには銅鏡・青磁・蚕糸があり、造船業も発達をみ、巨大な貿易船が遠く日本や東南アジア諸国にまで航海した。

孫権は都城の造営と領土の開拓の面でも、非凡な才覚を発揮した。彼は長江流域から東南沿海におよぶ広大な地域を次々と征服、帰順させ、あわせて中原の文化と生産技術を取り入れ、未開の地を急速に発展させた。230年、孫権は水軍1万人を出して夷洲《いしゅう》（今の台湾）に至らせた。これが史書に明記されている中国人の最初の訪台である。

孫氏政権の江南における発展は、孫権の人材登用の姿勢と大いに関係がある。孫権が孫策の後を継いだ時、年齢はかなり若い上に、とりたてて目立つ政治的、軍事的な才能があったわけでもなかった。しかし彼の優れた点は登用した人物を疑わなかったことである。まず軍事統率権を周瑜にすべてゆだね、赤壁で曹操に大勝させた。諸葛亮の長兄、諸葛瑾《しょかつきん》に対しても、彼は全く警戒心を抱くことなく、荊州返還のために尽力させた。その後また無名の陸遜に全幅の信頼を寄せ、夷陵で劉備を大敗させた。孫権の臣下に対する絶対の信頼が、呉の順調な拡大発展を導いたことがここから分るだろう。

劉備

劉備（161～223）は蜀漢の昭烈帝で、蜀漢の建国者である。字は玄徳、涿《たく》郡涿県（今の河北省涿州市）の人。漢の中山王・劉勝の子孫と名のる。幼くして貧苦の境

河南新野の漢（劉備）の桑城

河南新野の漢（劉備）の議事台

▶劉備が劉表を頼った当時、新野に兵を駐屯させ足場とした。「議事堂」とは国家の大事を議論する場所のこと。伝えによると、劉備は草廬に三顧して諸葛亮を迎える以前、ここで諸将らと国事を論じ合ったという。

遇にあり、母親と草鞋を売りむしろを織って生計を立てた。のちに張飛・関羽と桃園で義兄弟の契りを結び、兵を挙げて黄巾の乱を鎮圧したと『三国志演義』はいう。しかし群雄あい争うなかで、はじめは呂布に敗れ、後に曹操に負け、公孫瓚・陶謙《とうけん》・曹操・袁紹・劉表につぎつぎと身を寄せた。このような結果は、直接の基盤となる兵力が弱く、補佐する人材に乏しいところからきていた。

207年、新野《しんや》に駐屯していた劉備は、草廬《そうろ》に三顧の礼をつくし、諸葛亮という名補佐役をえる。そして、呉と連携して魏にあたる策をとり、赤壁において呉と共に曹操軍を大敗させ、ついで荊州を占

拠する。これによって実力は着実に増強され、魏・呉と三国鼎足の基礎をつくり上げることになる。その後兵を率いて蜀の地に進入して、益州と漢中を奪取、曹丕が後漢を簒奪して魏をおこすと(220年)、劉備は対抗して皇帝を称し、国号を漢(蜀漢)、年号を章武とし、都を成都に定めた。翌年みずから大軍を率いて呉の征討に乗り出し、夷陵道にて呉軍と戦いを交えたが、大敗して白帝城に逃げ込み、息子を諸葛亮に託して、ほどなく病死した(223年)。『三国志演義』では、彼は漢室を復興させた“仁君”として描かれている。

河北満城県の前漢劉勝の墓
劉勝は前漢景帝の子で、中山靖王に封ぜられ、劉備の先祖にあたる。『三国志演義』のなかで、劉備は自分の家系を紹介するとき、「中山靖王の後」と称している。

桃園三結義(桃園の契り)の陶塑像
『三国志演義』は、劉・関・張の3人が出会ってまもなく、桃園で義兄弟の契りを結び、生死を共にする誓いを立てたことを記す。この後「桃園の結義」は巷間の美談となる。

四川省成都の恵陵(昭烈陵《しょうれつりょう》)

昭烈廟の崩れかかった山門
河北省涿県（涿州市）。この写真は北側から撮ったもの。

▶劉備は白帝城で病没した後、昭烈帝の帝号が贈られた。恵陵は劉備の陵墓、昭烈廟はその魂を祀る建物である。

劉備の故郷

劉備の故郷は河北省涿県（現涿州市）から東南７kmの楼桑《ろうそう》村にある。現在楼桑村には劉備の旧宅はないが、村名は劉備の家の門前に桑の樹があったのに因んでつけられ、今日まで用いられている。伝えによれば、劉家の門前の桑樹は高さ５丈(12m)もあり、村人はみなこの樹の並外れた大きさを見て、劉家から貴人が出るはずだといいあった。また次のような話もある。劉備が生れてまもなく、母親はいつも彼を桑樹の木蔭に置いておいたが、劉備が樹の下にいる間は、太陽が移っても木蔭は移動しなかったという。その後劉備が帝位につくと、後世の人々は桑樹が帝を護ったということで、桑樹をもって村名としたのである。今日樹はないが、歴代の文人はそのために多くの作品を残している。

楼桑村を出て西に６kmほど歩くと、

　1つの壊れかけた廟門が見える。門上には「漢昭烈帝廟」の題額があり、近くにはいくつにも割れた残碑が散在している。劉備が天下の大業を打ち立てると、故郷の人々も名誉なことと思い、ここに廟を建てて記念の気持ちを表わしたのである。この昭烈廟は唐の乾寧4(897)年に建造された。もともとの規模は壮大で、廟内の主たる建物に前殿と後殿の2殿があった。前殿は劉備殿とよばれ、中央には劉備像が置かれ、東西両脇殿には関羽と張飛の像があった。後殿は娘娘《じょうじょう》殿とされ、中央には甘夫人・糜《び》夫人・呉夫人が祀られている。その東脇殿には諸葛亮・龐《ほう》統《とう》・趙雲らの像が、西脇殿には小三義すなわち劉禅・関興《かんこう》・張苞《ほう》の像がそれぞれ配されていた。昭烈廟は金の時代に修築されたことがあったが、今ではすでに荒廃し、ただ残された柏の老木だけが廟の往時をしのばせるのみである。

劉備の故郷、楼桑村
河北省涿県の劉備の生れた土地。村名は劉備の家の門前に桑の木があったことに由来する。

2 三国英雄譜

三国の時代は互いが軍事の力を競い、知略謀略の限りをつくした時代であった。各国は人材を求めてしのぎを削り、雄才大略ある君主や名臣が輩出した。人々を驚嘆させてやまない戦いは、いずれもこれらの将帥《しょうすい》・名臣が関与し画策したもので、彼らの事跡は今日に至ってもなお人口に膾炙《かいしゃ》している。また、その勇猛果敢な姿は、後世崇拝を受ける英雄像となるのである。

いまここで、乱世に登場した主たる英雄を一覧表にして紹介してみよう。その上で、とくに統帥者として名を残した諸葛亮や周瑜、また武将として名を馳せた関羽や張飛、趙雲を詳しくとりあげる。なお、三国の成立に直接関わらなかったため表にはあげなかったが、将帥として時代回しの役割を担った存在に呂布《りょふ》があり、あわせて触れておくことにする。

蒲圻《ほき》赤壁の劉・関・諸葛像
蒲圻赤壁は「赤壁の戦い」の古戦場である。劉・関・諸葛らの功績を記念するために、土地の人々はここに廟を建てた。

■三国統帥者一覧

国	人名	生涯の事績
魏	司馬懿 (179～251)	曹操を継ぐ魏軍きっての統帥。挑発にのらず営塁を堅守する持久策によって、諸葛亮率いる蜀軍を奔命に疲れさせ、最後まで何もさせなかった。また彼の沈着慎重な姿勢と補給と休養を重視する手法はよく知られ、魏での立場は蜀における諸葛亮に相当した。
蜀	諸葛亮 (181～234)	用兵は緻密にして作戦は神妙、『三国志演義』では智謀の化身たる人物像として描かれている。隆中を出た後、劉備のために天下三分の計の実現につくした。その空城の計や八陣図などは行軍布陣における彼の深謀ぶりを表す。
	姜維《きょうい》 (202～264)	字は伯約。もと魏の武将、後に蜀に降り、諸葛亮の北伐事業を継いだ。魏軍と戦うこと20余年、大将軍に任ぜられる。蜀の滅亡後、魏軍に殺される。
呉	周瑜《しゅうゆ》 (175～210)	赤壁の戦いの時の呉軍の統帥、わずか3万の兵力で20余万の曹操軍を大敗させた。智勇を兼ね備え、小事に拘泥しない度量の大きい武将であり、“談笑の間に、強虜（曹操）は灰と飛び煙と滅す”（蘇軾「念奴嬌赤壁懐古」詩）る度胸と風格があった。
	陸遜 (183～245)	呉の名族出身で、後に呉軍の統帥となった。教養はきわめて高く、寛大さと厳格さをよく使い分けた。夷陵《いりょう》の戦いでは辛抱強く戦機を窺い、蜀軍の陣営を700里にわたり火攻めにし、劉備の東方進出の企みを徹底的にくじいた。

■三国名将一覧

国	人名	生涯の事績
魏	張遼 (169～222)	最初、并州刺史・丁原《ていげん》の配下に身を置き、後に大将軍・何進《かしん》に帰し、董卓のもとに走り、呂布に投じ、最後に曹操に迎えられた。曹操に従い、袁尚・袁譚・烏桓を討った。合肥《ごうひ・がっぴ》を鎮守していた当時、800人を率いて呉軍10万を撃破し、後1歩で孫権を捕らえるところまで至り、征東将軍を拝した。文帝・曹丕は対呉戦の陣中で死んだ張遼を剛侯と諡《おくりな》した。
	張郃《ちょうこう》 (？～231)	先に韓馥《かんふく》に属し、後に袁紹に帰したが、官渡の戦いの時曹操に降った。曹操に従って馬超を討った後、関中に止まり夏侯淵の副将となる。夏侯淵が黄忠に殺されると、主帥に推された。その後西方戦線で戦い宕渠《とうきょ》を守り、街亭で馬謖を破るなど、戦功をたてた。諸葛亮が魏と戦い撤退した時、追撃して矢に当り戦死、壮侯と諡された。
	徐晃 (？～227)	もと楊奉《ようほう》の武将となり、後に曹操の配下に入った。呂布を討ち、袁紹を破り、関中を平定する戦いで戦功を立てた。最もよく知られているのは関羽を打ち負かしことである。それによって陽平侯に封ぜられ、死後壮侯と諡された。
	夏侯惇《とん》 (？～220)	曹操とは父方の従兄弟の関係という。曹操に従って呂布と戦った時、流れ矢が左目を射貫いた。以後軍中では彼を“盲夏侯”と呼んだ。史書中の夏侯惇は治国の才能をもつ人物であるが、小説中の彼は1人の猪突猛進型の人物として描かれる。
	夏侯淵 (？～219)	曹操の父方の親戚である。もともと武勇に優れるも智謀に欠けたが、曹操の度々の注意によって次第にその欠点を改めた。韓遂《かんすい》と戦ったおり、韓遂は城を固守したが、夏侯淵はその軍中に長離（甘粛省東部）の羌《きょう》人が多いのを見て、一転長離を攻めた。案の定、韓遂は長離の救援に出、待ち構えていた夏侯軍に撃破された。最後は定軍山の一戦で蜀の黄忠に殺される。
	鄧艾《とうがい》 (？～264)	字は士載、貧しい身分の出で、軍功によって出世した。自ら軍を率いて陰平を渡り、剣閣の難所を避け、真っすぐ成都を目指し、蜀平定の戦いに勝利して、安西将軍を拝した。しかし鍾会に誣告《ぶこく》され、蜀を滅した後まもなく殺された。
	鍾会《しょうかい》 (225～264)	名族の出身で博学多才であった。司馬昭はかれに10数万の大軍を授けて蜀を征討させたが、剣閣で姜維に足止めされ、結局蜀を滅ぼすという大功は鄧艾に奪われる。姜維に唆され、蜀で反乱を起こすが、部下の将士に背かれ、乱戦のなかで死んだ。

蜀	関羽 （？～219）	字は雲長。官渡の戦いで袁紹の将・顔良を斬り、白馬の包囲を解いた。襄陽を攻めた時、曹操軍を大敗させ、于禁を降し、龐徳を斬り、威名は中華に轟いた。前将軍を拝し、いわゆる「五虎将」の筆頭に列せられる。後に呉軍の計略にはまって殺された。後世彼を尊んで“武聖”とした。
	張飛 （？～221）	字は益徳（翼徳）。たびたび呂布を攻め、一時劉備に従って曹操に身を寄せたが、長阪坡では曹操軍を大喝して退けたとの話がある。右将軍に封ぜられ、「五虎将」の１人となる。後に幕下の将に殺された。
	趙雲 （？～229）	字は子龍。劉備が長阪坡で敗走した時、曹操軍相手に奮戦し、１人で劉備の子・劉禅を救出した。後に軍を率いて成都を攻め落とし、また知略で曹操軍を漢中において破った。劉備は彼を“一身これ胆”と称えた。後に「五虎将」の１人。
	黄忠 （？～220）	もと長沙太守・韓玄の部下で、後に劉備の部下に迎えられ、成都の戦いで威名を馳せた。定軍山の戦闘では魏の夏侯淵を斬り、後将軍を拝し、「五虎将」に名を列ねた。
	馬超 （176～222）	西涼太守・馬騰《ばとう》の長男。最初韓遂と長安に出兵し、曹操を生け捕りにしようとしたが果たせなかった。その後張魯に投じ、後に劉備に招かれて降り、左将軍を拝し、「五虎将」に名を列ねた。
呉	魯粛 （172～217）	字は子敬。赤壁の戦いの際、いち早く劉備と連合して曹操にあたる作戦を提示した。後に孫権に従って皖城《かんじょう》を攻め落とした。横江将軍に封ぜられた。
	黄蓋	字は公覆。はじめ孫堅・孫策に従って南北に転戦し、続いて孫権と、孫氏三代に仕えた老臣。赤壁の戦いの時には周瑜と火攻めの計を定め、自ら軍船を率いて曹操の軍営に突入して大勝し、偏将軍に封ぜられた。
	呂蒙 （178～219）	字は子明。赤壁の戦いの前から、呉の幾多の戦役に従軍していたが、一貫して目立たなかった。白衣渡江（商人の服装で関羽が設けた揚子江上の見張り所を奇襲する）の計を立て、関羽を襲殺して、はじめて威名が轟き、偏将軍を拝した。「また呉下の阿蒙《あもう》にあらず」「士、別れて三日なれば刮目《かつもく》して相待す」という成語で知られる。

三顧草廬図

諸葛亮

諸葛亮、字は孔明、琅邪《ろうや》郡陽都県（山東省沂南《きなん》）の人。幼くして父母ともに失い、後に叔父の諸葛玄に従って荊州に戦乱を避けた。諸葛玄が死んだ後、彼は隆中に隠棲し、天下の動静を静かに窺った。人は彼を“臥龍《がりょう》”と称した。劉備はみずからの苦境を打開するために、新野から隆中《りゅうちゅう》まで、前後３回諸葛亮を訪ね、彼に山を出て自分を補佐してほしいと懇請した。これこそが世に名高い“三顧草廬（草廬に三顧す）”である。諸葛亮はその誠意に心を動かされ、有名な論文“隆中対”をまとめ、求めに応じて山を出たのであった。

河南省南陽の臥龍岡の曲《きょく》廊《ろう》修《しゅう》林《りん》

湖北省襄陽の古《こ》隆《りゅう》中《ちゅう》

▶諸葛亮は隆中の草廬にいたとき、「臥龍」とよばれた。のち劉備が草廬に三顧したことに心を動かされた諸葛亮は、決然と山を下り、蜀の建国に尽くすことになる。

三顧堂
一對足千秋
兩表酬三顧

襄陽古隆中の三顧堂

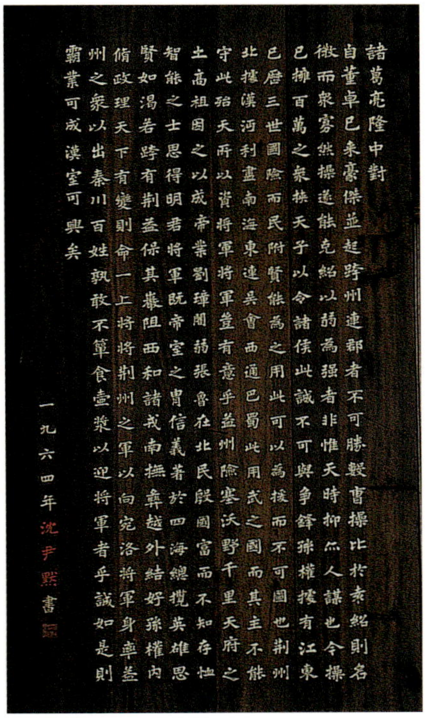

隆中対の題記
沈尹黙《しんいんもく》の書。成都の武侯祠にある。

山並み深い臥龍岡

襄陽古隆中の諸葛亮草廬内の車　図中の車は諸葛亮が発明したものといわれる。伝えによると、諸葛亮は手押し車「木牛流馬」を発明したともいう。魏との戦争で、こうした車が蜀軍の物資を運ぶ重要な手段となったのであろう。(127頁コラム参照)

隆中の対策　諸葛亮はまず最初に劉備のために天下の形勢を分析した。すなわち中原の曹操は兵100万を擁し、天子を押し立てて諸侯に号令をかけている。これと鋒《ほこ》を交えるのは難しい。江東の孫権は、国は貧しいが人民はよくなつき、人材が多く集っている。これは味方に付けてよい。荊州の劉表はその地を守ることができず、益州の劉璋《りゅうしょう》は暗愚で、どちらにも付け入る隙がある。この上で彼は劉備にこう建議した。荊州・益州の２州を奪取し、西の諸戎《しょじゅう》、南の夷越《いえつ》を慰撫し、内政をきちんと整え、外は孫権と結び、

諸葛亮躬耕処《きゅうこうしょ》

もって曹操に対抗する。もし曹操に対して兵を起す場合には、荊と益の２州から二手に分れて出撃して、かの軍を挟み撃ちにする。そうすれば覇《は》業《ぎょう》をなしとげ、漢室を復興することができる。これこそが天下三分の計である、と。

劉備の“三顧草廬”や諸葛亮の“隆中対”は、千古に語り継がれるべき素晴らしい話として流布してきた。ただし“隆中対”の場所、すなわち諸葛亮が自ら耕作していた場所の所在については、これまで喧《やかま》しく論議されてきている。１つは湖北省襄陽の隆中（古隆中）にあったと説き、１つは河南省南陽の臥龍岡にあったと主張する。

襄陽隆中　湖北省襄陽の隆中は、襄陽城の西約10kmのところにあり、後漢の時には南陽郡の領内にあった。そこは山が幾重にも重なり、樹木が生い茂り、静かで美しい別天地を作り出している。有名な隆中十景を紹介しよう。

・諸葛亮の一家が使っていた井戸、“六角井”
・彼が耕作した田地、“躬耕田《きゅうこうでん》”

諸葛井　諸葛亮が水を飲んだ襄陽古隆中の古井戸

河南省南陽の臥龍岡

臥龍岡の草廬旧址

・彼が泉の水を引いて掘った山洞、“老龍洞”
・彼が横になって休んだ岩、“抱膝石《ほうしつせき》”
・水辺で月を愛でた小道、“半月渓”
・立ち上がって「梁父吟《りょうほぎん》」を吟じた岩、“梁父岩”
・劉備が草廬に三顧した時、諸葛亮の舅の黄承彦《こうしょうげん》と出会った小さな石橋、“小《しょう》虹橋《こうきょう》”

このほか明代に建てられた“三顧堂”“古柏亭”“野雲庵”、また近年に修復なった諸葛草廬や隆中書院などがある。

南陽臥龍岡　河南省南陽の臥龍岡は、南陽市の西郊3kmの小高い丘のところにある。元代に丘の上に草廬が建てられ、明代に諸葛亮の名をとって臥龍岡と称した。丘には武侯祠や草廬十景などが建てられている。武侯祠は元の大徳年間(1297～1307)に建立され、明清時代を通じてしばしば改修が施され、石牌坊《はいぼう》、山門、拝殿、三顧堂、関張殿、寧遠楼、碑廊などからなる建物群が形成された。そこに漂う空気はのびやかで、また華やかさが感じられる。

隆中と同じように、臥龍岡にも諸葛亮の隠遁生活に関係があるもの、例えば躬耕田や小虹橋など十景が設けられている。しかし自然の景観を組み入れた隆中十景とは異なり、臥龍岡の十景は、狭い庭内にすべてをまとめて並べる形をとり、配置の妙に独自性を出す。

全体としていえば、襄陽の隆中は龍虎が隠れ棲むような力強い雰囲気を漂わせ、南陽の臥龍岡は自然のなかに溶け込んだ

成都武侯祠の諸葛亮殿

巧みな造園によるものである。

襄陽と南陽のどちらが諸葛亮が自ら耕した場所なのかという議論は、元明以来今日まで数百年にわたって続いてきているが、なお決着をみていない。結局、清の顧嘉衡《こかこう》のつぎのような言葉が、わたしたちを納得させてくれる。

> (諸葛亮は)心は朝廷に在りて、原《もと》より先主、後主(の優劣)を論じること無し。名は天下に高し、何ぞ必ず襄陽、南陽を辨ぜんや。(『荊州府志』)

武侯祠　三国時代の人物で、後世、祭祀の対象となり祠廟が建てられたものは多いが、祠廟の数が最も多いのは、関羽を除けば、諸葛亮である。諸葛亮の足跡は、陝西《せんせい》、甘粛、四川、湖北、湖南、貴州、雲南などに及び、それらの地にはいずれも武侯祠が建てられている。そのなかでも規模が一番大きく、構造がとくに変っているのは成都(四川省)の武侯祠である。

成都の武侯祠は劉備と諸葛亮の2人を祀る、君臣合廟《ごうびょう》である。周知のごとく、旧中国では君尊臣卑の関係は非常に厳格であった。したがって、成都の武侯祠のような建物の造り方や配置は本来ありえないことである。そのような形態は一体どうしてできたのであろうか。

実のところ、成都武侯祠のこのような

陝西省勉県の諸葛亮墓

形態は、初めからあったのではない。長い年月の変化をへて、清初になってはじめて今日の形ができ上がったのである。

223年、劉備は夷陵の戦いに敗れた後、悲しみと憤りから奉節県の永安宮で没した。5月、亡骸《なきがら》の入った柩《ひつぎ》は成都に運ばれ、昭烈皇帝と諡《おくりな》され、8月、恵陵に埋葬された。今日の武侯祠の内にある劉備の墓がそれである。漢代の陵寝《りょうしん》(帝王の墓)の制度をみてみると、陵には必ず廟がつき、これを原廟と呼ぶ。陵の場所に廟を建てる、これが劉備廟がそこにある理由である。劉備の廟が建立された当時、規模は大きくなく、わずかに祭祀に使われたにすぎず、「先帝廟」とか「恵陵祠」と呼ばれた。南北朝時代、南斉の益州刺《し》史《し》・傅覃《ふたん》が劉備の廟を拡充して、「昭烈廟」と名づけた。唐宋時代、劉備廟はさらに何度も拡充、改修され、人々の信仰参拝が盛んとなり、“四時祭祀は絶えず”といわれる状況となった。

234年、諸葛亮は長年の労苦に病が重なり、五丈原に没した。蜀の国中は哀しみにくれ、人々はしきりに諸葛亮を祀る廟を建てることを求めたが、朝廷は礼に反するといって認めなかった。263年、すなわち蜀が滅亡する年になって、後主・劉禅《りゅうぜん》は大臣・向充《しょうじゅう》らの提案を受け入れ、陝西省勉県の定軍山の麓にある諸葛亮墓の傍らに、最初の武侯祠を建立した。その後各地に次々と武侯祠が建つに至ったのである。

成都の最も古い武侯祠は、4世紀初めに建てられたが、残念ながら相当昔のため、この武侯祠の所在や規模はまったくわからない。南北朝時代になって、劉備の墓の傍らに1つの武侯祠ができ、唐代になると、この武侯祠はすでに名勝として知られていた。当時は劉備の墓は西に、廟は東にあり、武侯祠はその劉備廟の西側やや南よりにあった。宋元時代には、武侯祠は何度も修築をへ、規模はそれほど大きくはなかったが、参拝に訪れるものは一年中絶えることがなかった。

(上)勉県の諸葛亮墓山門
諸葛亮は才知で知られ、一生をすべて劉氏のために尽くした。その「智慧」と「忠義」の姿は死後も人々に称揚され、彼を祀る武侯祠が各地に建てられることになった。

(下)諸葛亮墓前「漢丞相《じょうしょう》諸葛忠武侯之墓」碑

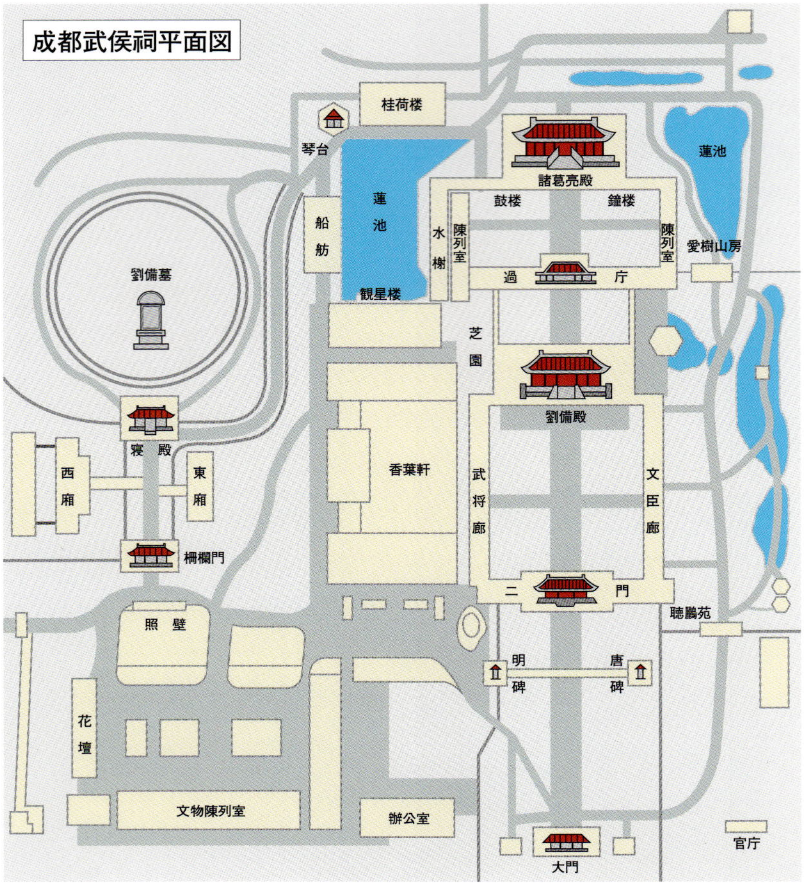

襄陽古隆中の武侯祠

明初、朱元璋《しゅげんしょう》（洪武《こうぶ》帝）の第８子朱椿《しゅちん》は、蜀王として成都に駐在し、劉備廟が零落しているのに対して、武侯祠は参拝者で賑わっているのを目の当りにした。彼は、劉備を祠った昭烈廟こそが帝王の陵墓であるとして、武侯祠の取り壊しを断行した。諸葛亮は昭烈廟に移し、劉備殿の東に配置して、君臣合廟で祀る形にした。明末になって、この祠廟は兵火で壊された。1672年（清の康熙11年）、四川按《あん》察使《さつし》・宋可発が中心となって再建を進めたとき、君臣の礼を尊重して、劉備殿の背後に諸葛殿を建てた。すなわち一廟両殿、君臣合廟の、今日見られるような規模になったのである。

成都の武侯祠は敷地が60畝《ムー》（約４万㎡）あり、規模は広大である。中心をなす建築物は中国古代の祠廟建築の形式にしたがい、南北の中軸線上に、大門、二門、劉備殿、過庁（通り抜け用の建物）、諸葛亮殿の５つの建築が順番に並ぶ。その配列はきれいに整い、壮観である。

劉備殿はどっしりと大きく、中央には劉備とその孫・劉諶《しん》を置き、東西両側には関羽と張飛を配する。これは大殿全体を３つに分けるもので、劉備・関羽・張飛の３人が桃園で義兄弟の契りを結んだことの意味がこめられている。大殿の外側の東と西に長い廊下があり、蜀の28人の文臣武将の塑像が並べられている。東廊は文臣廊で、龐統が筆頭に据えられ、西廊は武将廊で、趙雲が筆頭にくる。諸葛亮殿は静遠堂とも呼ばれ、諸葛亮とその父・息子の三代の金泥を塗った塑座像が祀られている。諸葛亮は真ん中におり、羽扇を手にし頭巾をかぶり、表情は悠然としてやわらかい。

これら中心をなす建造物の西側に劉備の墓がある。陵墓の建物は、手前から奥にむけて照壁、柵欄門《さくらんもん》、神道（墓道）、寝殿、墓塚と順番に並び、それらが一体をなす。墓に埋葬されているのは劉備と甘氏・呉氏の２夫人であり、封土の高さは12m、周囲の長さは180mある。墓の前の寝殿はかつて祭祀を行った場所で、殿内に清代の木製の額が懸かっている。そこに記される“千秋凛然《りんぜん》”の句は、唐の劉《りゅう》禹《う》錫《しゃく》の「蜀の先主廟」の詩にみえる「天下英雄の気、千秋尚お凛然たり」からとったもので、劉備が千秋百代の後もなお凛然として生けるがごとくであることを称えている。

勉県の武侯祠牌坊《はいぼう》

安徽省廬江県の周瑜の故郷

周瑜

周《しゅう》瑜《ゆ》、字は公瑾《こうきん》、廬江郡舒《じょ》県（安徽省廬江）の人である。名門の家柄に生れ、深い文化的教養をもっていた。若くして大望を抱き、10数歳にしてすでにその名は郷里に聞こえていた。孫策とは幼な友だちであったので、２人の関係は特別厚い友情で結ばれていた。

195年、袁術のもとを離れた孫策は江東にもどり、天下をねらう体制を固めるにあたり、周瑜を招き国家大計について話し合った。そのとき孫策はこう言った。「自分が君を得た以上、大事はきっと成就する」（『三国志』巻54周瑜伝）。当時周瑜はわずか24歳であった。まもなく孫策は周瑜に兵を授け皖《かん》（安徽省黔山《けんざん》）を攻めさせ、城を陥した後、喬玄《きょうげん》（橋玄）の２人の娘を得た。そのうち長女は孫策に、次女は周瑜に嫁いだ。200年、孫策は刺客に殺され、周瑜は張昭といっしょに孫権を補佐することになった。

四川省成都武侯祠の庭園

赤壁に立つ周瑜像　周瑜は勇猛さと知謀を兼ね備え、三国時代でも数少ない人材であった。だが『三国志演義』では、つねに諸葛亮という存在に制せられ、最後は鬱々と失意のなかで終ったと描かれている。

208年、曹操は荊州を平定すると、長江の流れにそって東下した。その数80万と号する大軍、虎視眈々として江東の平定を狙う。江東の君臣はみな色を失ったが、そのなかで魯粛と周瑜だけは強引に衆議をリードし、投降へ傾く流れに反対してこう主張した。曹操は漢の宰相を名乗っているが、実際は漢をねらう賊である。江東（呉）が武力でこれに対抗するのは、名分においても道義においても正しいと。これにつづけてこう指摘した。北方の軍は水上の戦いに慣れていないので、いくら兵員が多いといっても戦力は脆弱《ぜいじゃく》で、戦えば破ることは困難でないと。こうして孫権に、劉備と連合して曹操を破る決断をさせたのである。周瑜は火攻めの作戦をとり、赤壁の戦いで曹操軍を大敗させ、三国鼎立の形勢を確定したのであった。

史書にみえる周瑜は将たる風格を備え、気宇は壮大にして文雅風流の人物である。しかし『三国志演義』のなかでは、逆に周瑜を１人の器量の狭い人間として描き出す。その上諸葛亮の存在が彼の輝きを半減させている。諸葛亮は呉に至ると、周瑜と激しい知恵比べをし、軍中ではその奸計を幾度も見破った。赤壁の戦いの後、諸葛亮は再三計略を用いて城や土地を奪ったため、周瑜は怒りのあまり柴桑《さいそう》（江西省九江市）で亡くなった。一代の英傑・周瑜は、「天はこの周瑜を生んだ上に、なぜ諸葛亮まで生んだのか！」と慨嘆し（57回）、恨みを呑んで死んでいったのである。

しかし『三国志演義』中のことであれ、

実際の三国の歴史にみえる事柄であれ、周瑜のはたした役割は決して無視することはできない。それゆえ孫権は帝位についた後、感慨をこめていったものである。「私にもし周瑜の助けがなかったなら、

今日こうして帝を称することはなかっただろう」(『三国志』周瑜伝注「江表伝」)と。これは周瑜の孫氏政権に対する貢献の大きさを物語るものである。

江西省九江の甘棠湖《かんとうこ》の煙水亭
周瑜はこの湖で水軍を訓練した。湖の中心に煙水亭があり、周瑜が訓練の指揮をとったところという。

関羽

中国史上、おそらく関羽ほど神話化され、崇拝を集めた武将は他に存在しないだろう。酒を温めて華雄を斬り、顔良や文醜を誅し、千里単騎を走らせ、五関に六将を斬り、骨を刮《けず》って毒を療《いや》し、単刀にて会（呉の魯粛の宴席）に赴き、水を放って曹操の七軍を渰《おぼ》れさせ……と、とくに小説や演劇で誇張が甚だしい。顔はナツメのような赤銅色をし、美髯《びぜん》は胸までのび、手には青龍偃月刀《せいりゅうえんげつとう》を携え、赤兎《せきと》馬《ば》に跨がった関雲長。このようなイメージでもって中国人の心のなかに“武聖”として植えつけられた。

歴史上における実際の関羽も、確かに驍勇《ぎょうゆう》で戦いに秀でた武将であった。彼は蜀の創業のために、はかり知れぬ汗馬の労をつくし、『三国志・蜀書』では彼を武将第一位に列するのである。しかしこの「万人に敵（1人で1万人の敵に当ることができる）」たる猛将も、その結末はまことに悲劇的であった。劉備が蜀に軍を進めた戦いで、張飛はしばしば目覚ましい手柄をたて、「粗中有細（大まかななかに繊細さをもつこと）」たる彼の特性を十分発揮した。この時荊州の鎮守を命ぜられ、戦いに参加できなかった関羽は、それを聞いて自負心を煽られ、いても立ってもいられない気持ちに駆られ、219年、兵を率いて樊《はん》城（湖北省襄樊市漢水北）を攻め、曹操軍の守将・曹仁を苦しめた。曹操は于禁《うきん》・龐徳《ほうとく》に救援させたが、関羽は猛攻して于禁を捕え、龐徳を斬り、救援の七軍を水攻めにした。周辺の郡県は関羽の勢いをみて帰順し、関羽の「威は華夏を震わ」せたのである。

曹操は恐れをなし、「許の都を徙《うつ》し、以てその鋭を避くることを議す」（『三国志』巻36関羽伝）ほど動揺した。だがそののち司馬懿《い》の計を入れ、孫権に「その後《うしろ》

湖北省荊州関帝廟の関羽像
関羽は三国時代を代表する大将である。陳寿の『三国志』は彼を「虎臣」と表現する。

を蹈《ふ》ませる、つまり荊州を背後から奪取するように勧め、一方で徐晃を派遣し樊城を救援させた。こうして関羽は樊城を攻めても下せず、荊州を失い、味方の南郡太守の糜芳《びほう》、公安（湖北省公安）の守将・傅士仁《ふしじん》は呉に降った。関羽は退却して麦城（湖北省当陽市）に至り、さらに臨《りん》沮《そ》（湖北省当陽彰郷）まで逃げのびたが、最後に息子の関平といっしょに呉将の潘《はん》璋《しょう》に捕えられて殺されるのである。

漢の寿亭侯（関羽）の点兵（閲兵）処

湖北省華容《かよう》古道

▶『三国志演義』はこう言う。赤壁の戦いの後、曹操は華容道を敗走する。諸葛亮は前もって関羽を出し、ここを守らせていた。しかし関羽は情の人であった。彼は昔曹操から受けた恩義を思い、この場で曹操を逃したのである。この話は後世の美談となった。ある詩はこう詠う。「曹《そう》瞞《まん》（＝曹操）の兵、華容に敗走し、正に関公と狭路に逢う。只だ当初の恩義重きがために、金鎖を放開して蛟龍《こうりゅう》を走らす」と。

三國遺址
華容古道

湖北省襄陽の曹操七軍を水攻めにした場所
『三国志演義』にはこうある。関羽は劉備と示し合わせて漢中を取る作戦を立て、荊州（江陵）より兵を出して樊城《はんじょう》を攻めた。曹操は于禁と龐徳を救援に向かわせたが、関羽は大雨を利用し、魏軍に水攻めをかけ、于禁を捕らえ、龐徳を斬った。

（次頁）湖北省当陽市の麦城遺跡
関羽が軍を出して曹操側を攻めている隙を突いて、孫権は荊州（江陵）を奪取し、関羽のもどるべき拠点をなくした。帰路を断たれた関羽は、麦城に敗走し、最後は呉軍に捕殺された。

関羽の死の影響　関羽の死は、武将の結末としてはごくありふれたものであるが、小説『三国志演義』中では、蜀が隆盛から衰退へむかう転機とされる。劉備がこの義弟の仇を討つために呉に向って軍を進めると、張飛は閬中《ろうちゅう》（四川省閬中）より兵を率いて江州（現重慶市）で合流する手筈となった。出発にあたり、張飛は部下に「3日以内に全軍白装束を整えろ」という無理難題を強い、部将の張達と范《はん》彊《きょう》に殺されることになる。一方劉備は、呉の一部将・陸遜に火攻めを受けて大敗し、白帝城まで退却して病死した。「桃園に契りを結」んだ3義兄弟は相次いで世を去り、“五虎将”は一挙に2名もい

なくなる。これ以後は、諸葛亮がしばしば出兵の先頭に立ち、「蜀中に大将無し」の感を深めたのであった。

孫権は関羽を襲って殺すと、劉備が罪を問う軍を出してくるのを恐れ、すぐ関羽の首を洛陽に送り、「諸侯の礼を以てその屍骸を葬」らせ、降りかかる禍を曹操に転嫁しようと企んだ。曹操はこの計を見破り、関羽の首級を1ランク上の王侯の礼で祀り、洛陽の南門外に鄭重に葬ったという。

「身は当陽に眠り、頭は洛陽に枕《ねむ》る」である。こうして今なお存する洛陽と当陽(湖北)の2つの関陵ができたのである。

五虎将

五虎将は、蜀漢の関羽、張飛、馬超、黄忠、趙雲の5人をいう。ただしそれは『三国志演義』でのことであって、陳寿『三国志』に五虎将ということばはない。『三国志』巻36に、彼らの列伝が5人揃ってあるうえ、関羽・張飛の伝に「関羽・張飛はみな万人の敵、世の虎臣」であったといい、趙雲が軍中で虎威将軍とよばれたということなどが、五虎将に発展したのであろう。しかし、関羽ら5人を同列とするのは、当時の史実とはすこしあわない。219年、漢中王となった劉備は、関羽を前将軍、張飛を右将軍、馬超を左将軍、黄忠を後将軍に任じたが、趙雲は数年前に任じられた翊軍《よくぐん》将軍のままであったらしい。後漢の将軍号の制からいえば、関・張、馬・黄4人は同列といってよいが、趙雲はあきらかに格下である。もっともこの4人同列も、関羽は黄忠との同列について大いに不満であった。このように『三国志演義』の五虎将は、史実では生前は同列ではなかったのだが、後主の時代になって、趙雲が亡くなった時、順平侯と追諡《ついし》(生前の業績を称え記念するために、称号を贈ること)されたのをきっかけに、関羽が壮繆《そうぼく》侯《こう》、張飛が桓侯、馬超が威侯、黄忠が剛侯とそろって追諡され、ようやく同列になったのである。

洛陽関林

洛陽関林の関羽墓

洛陽の関陵　今日、洛陽の関陵は洛陽市の一大名所となっている。建物と配置は明の万暦年間にでき上がったが、それまでにすでに曹操が“王侯の礼”で祀った当時の規模を越えていたと思われる。関陵の敷地は６万7000m^2もあり、古い建物と松柏の緑とが映えあって美しい。主たる建造物は７つ、すなわち大門、儀門、拝殿、大殿、二殿、石坊（牌坊《はいぼう》）、そして墓塚である。明代には「関夫子塚廟」と呼ばれ、清初に「関帝陵廟」となり、道光帝の時に「関林」というすっきりした呼び名に変った。

関羽の墓塚は広さが250m^2、封土の高

当陽関羽墓の牌坊

さは10mある。塚の正面には高さ５ｍの石碑が立ち、「忠義神武霊佑仁勇威顕関聖大帝林」と刻まれている。その尊称は、歴史上のいかなる聖人名君の諡号《しごう》（おくりな）と比べても少しも遜色がない。

当陽の関陵　洛陽の関陵とは遥か離れた湖北省当陽の関陵、これは宋以前、周りには何もない１つの土盛りがあるだけにすぎなかったが、宋以後着実に規模を広げ整えられていった。現存の建物は明清時代に建てられ、中軸線にそって神道碑亭、牌坊、三円門、馬殿、拝殿、寝殿そして墓塚からなる。両側には別に碑廊、伯子祠、啓聖宮、仏堂などの建物が配置されている。

湖北省当陽の関林の漢室忠良坊
関羽は生前忠義で知られた。後の人は特にその忠義を記念して建てたものである。

洛陽関林内の関羽の像

▶孫権は関羽を殺した後、遺体を当陽に埋葬し、首は洛陽の曹操のもとに送った。それゆえ河南（洛陽）と当陽の2か所に関羽の墓がある。

年画門神の関羽像
勇武忠義の人・関羽は、歴史をへて人々が崇拝する守護神となった。今日でも農村では住居の戸口に関羽の画像を張り、一家の平安のお守りとする。この画像を"門神"とよぶ。

四川省七曲山の関帝廟内の関帝像

自負心の強い関羽　関羽は生涯を戦いのなかで送り、威名は遠くにまで轟いたが、彼自身も自分の威名を強く自負していた。『三国志』関羽伝にこんな話が載っている。関羽が荊州を鎮守していた時期、劉備が馬超を受け入れ、重用していることを知って、いささか不満げに、諸葛亮に手紙を書いた。「馬超なる者の能力は誰と比肩すべきか」と。関羽の人柄を十分承知している諸葛亮は、こう返事した。「馬超は文武の資質を兼ね備え、雄烈さは人にまさり、一代の英傑、黥彭《げいほう》（前漢の黥布と彭越）のような強者です。益徳（張飛）といい勝負でしょう。しかし髯《ぜん》（関羽のこと）の人並み外れた強さにはなお及びません。」 それをもらって関羽は大変気をよくし、手紙を客人たちに見せびらかしたという。

山西省解州関帝廟の崇寧殿

神格化された関羽　関羽も一介の武人の身から、将軍となり諸侯に封ぜられただけで、実際の地位は張飛や趙雲らと変らなかった（コラム「五虎将」47頁参照）。しかし後世、とりわけ南宋以後、歴代の帝王は関羽の「忠」と「勇」を美化し誇張することに努めたために、彼は侯から王へ、王から聖帝へと変り、あげくは人から飛躍して神となったのである。とくに1725年（雍正３年）、清の朝廷は「天下の直隷・各省・郡邑のすべてに関廟を立て、春祭には最高の太宰《たいさい》の儀礼を用いるように」と命じ、洛陽と当陽には関羽の官爵身分を越える陵墓を造ることを認め、各地には文廟《ぶんびょう》（孔子廟）とまったく対等な位置を占める武廟“関帝廟”を建てさせた。

山西の関帝廟　規模が最大で、最も立派な関帝廟は、関羽の故郷――山西省運城市解州にある。それは589年（隋の開皇９年）に創建され、現存の建物の多くは清代に改修されたものである。敷地は１万8500m^2、建物の広さは190間余（各建物の

解州関帝廟の“神勇”扁額

正面の柱間を間《けん》といい、その総数で建物全体の広さを示す中国の表記法）を数え、崇寧殿、春秋殿、結義殿などがある。崇寧殿が主殿となり、内部に帝王の装いをした関羽の塑像が安置されている。そして関羽神話を最もよく体現するのが春秋楼である。

『三国志演義』によると、建安５(200)年、関羽は曹操に捕えられたが、「身は曹操の陣営にあるも、心は漢にある」彼は、２人の嫂《あによめ》（劉備夫人）を忠実に護った。曹操は彼の忠誠心を惑わすため、わざと彼にだけ屋敷をあたえたが、関羽はそれを分けて２院とし、２人の嫂を住まわせ、自分は外院に住み、夜はいつも灯した明りのもとで『春秋』を読んだ。『三国志』本伝注の「江表伝」にも、関羽が「左氏伝を好み、すべてを諳《そらん》じ口で言えた」とある。したがって、関帝廟はどこも春秋楼を建て、関羽が『春秋』を読む姿の像を安置する。これは彼の忠義心を称揚するとともに、張飛や馬超とはちがう、優れた儒家的教養を備えた武将としての風格を示そうとするものであった。

山西省運城常平の関羽故郷の碑
常平は関羽の故郷である。後世ここに彼の記念碑が立てられた。

運城常平の関羽祖廟牌坊

常平の関羽の故居

▶関羽の忠義の姿は深く人々の心に刻まれ、後世各地に彼を記念する廟が建てられることになった。

関雲長の千里走単騎の石刻（山西省晋城の清代の民居から）
『三国志演義』にはこうある。関羽は劉備の2夫人と曹操のもとで囚われの身となった。が結局関羽は曹操のもとを去り、赤《せき》兎《と》馬《ば》にまたがり、千里の道程を夫人を護送して劉備まで送りとどけたと。これを「千里単騎を走らす」とよぶ（27回）。

河南省許昌の関帝廟

湖北省当陽の玉泉山玉泉寺
伝えによると、関羽の死後、その魂は去らず、当陽の玉泉山で「わが頭を返せ」と大声で叫んだという。

関羽というこの稀代の英雄も、しかし油断から荊州を失い、命を落とし、人々を大変残念がらせた。関羽の死後、孫権はその首を洛陽に送り、曹操に献上し、他方死骸は諸侯の礼で祀り、当陽の玉泉山の麓に埋葬した。伝えによると、死後もその霊魂は散らず、玉泉山で「わが頭を返せ！」と大声で叫んだという。しかし彼が後世受けた崇拝は、その不幸を補って余りある。あまつさえ生前尊崇を集めた帝王といえども、死後彼と肩を並べることは難しい。全国各地にある関陵・関廟、また彼が生前活躍した地域にできた祭堂でも、とうの昔に「壮繆侯《そうぼくこう》（関羽の諡号《しごう》）」のレベルで祀るものではなくなっていた。このことも、最後を全うできなかった彼への一種の償いとなっているのではないだろうか。

当陽玉泉寺の関羽顕聖処

湖北省当陽玉泉寺の関羽最先顕聖処
最初に関羽の霊験が現れた所。

▶伝えによると、関羽は死後、何度も霊験を現した。その最初が当陽の玉泉寺であったという。

河北省涿県城風景
劉備・関羽・張飛の3人が契りを結んだ故事から名付けられた三義街はここにあった。張飛が当時肉を売っていた場所と伝えられる。このあたりは今日もなお賑やかな肉市が開かれる。

京劇中の張飛

張飛

張飛、字は益徳（翼徳）。『三国志演義』によると、もとは屠殺業を営み、かなりの資産があったという。劉備とは同郷である。

桃園の契り　『三国志演義』（1回）はこう記す。黄巾の乱が起こると、劉備は軍に身を投じ乱を討伐したいと願ったが、自分の力及ばざるを嘆いていた。たまたま張飛、関羽と出会い、3人で酒をくみかわすうちに、関羽は、自分は故郷で豪族を殺して各地を流浪してきたが、ここで軍に身を投じたいと思っている、と劉備に告げた。3人は意気投合し、張飛の屋敷の裏の桃園で、烏牛《くろうし》と白馬を殺して天地を祭り、兄弟の契りを結び、「心を1つにし力を合わせ、困難や危険にあるものを救い扶《たす》け、上《かみ》は国家に報い、下《しも》は百《ひやく》姓《せい》を安んずる。同年同月同日の生れでないのは仕方ないが、願わくば同年同月同日に死にたい」と誓いを立てたという。

これ以後、3人は艱難をともにした。『三国志』には「先主（劉備）は寝《やす》むときは2人と床を同じくし、恩愛は兄弟のごとくであった」と記されている。宋元以来、「桃園の契り」は忠義を表す典型となった。昭烈廟（劉備廟）の近くには三義廟があったが、これは3人の契りを記念して建てられたものである。廟は唐代に創建され、明代の正徳年間に改修された。廟内には劉・関・張の3人の木像が祀られていたが、現在は殿堂と木像はともに壊れ、山門と残碑があるだけである。

涿県三義廟前の明代御題碑　涿県の三義廟の建物はすでになく、明代の嘉《か》靖帝《せいてい》御筆の碑文だけが残る。そこには劉備、関羽、張飛が桃園で契りを結んだ物語と皇帝自身の彼らへの敬慕の情が記される。

張飛の故郷　張飛の故郷は楼桑村から約５里（2.5km）のところにある。村のなかにはもと広壮な張桓侯《ちょうかんこう》（張飛の諡号）廟があり、廟内には「八丈の蛇矛《だぼう》」が奉納されていたが、今は廟はすでに崩れ、わずかに「張桓侯故里」と刻んだ断碑が存するのみである。故郷に現存する１つの井戸には、傍らに「漢張桓侯古井碑記」の石碑が立っている。

長阪橋にて大喝す　長阪坡《ちょうはんは》は湖北省当陽県城の東北にあり、長さ数km、高さ約100mのゆるやかな丘陵である（長阪、長坂いずれの表記もあるが、本書では長阪で統一する）。

208年、得意の絶頂にあった曹操は、統一を妨げる者を除くべく、大軍を率いて南下した。彼は、荊州（湖北省）を奪取して劉備を滅ぼし、軍を江南に進める足がかりを得ようと考えていた。当時荊州は、劉表が死んだばかりで、息子の劉琮《そう》が州牧（州の長官）を継いだが、いかんせん凡庸にして無能、内は荊州の名門蔡《さい》氏勢力に迫られ、外は曹操の勇猛な兵力を恐れていた。そのため曹操が進撃してくると戦わずして降伏し、曹操にやすやすと荊州を明け渡してしまった。

涿県の張飛古井戸

涿県の張飛の故郷忠義店

5m
十里長

(左頁) 湖北十里の長阪石坊

張飛の石刻図
張飛が川を背に、橋を切り落としてたちはだかる様子を描いた石刻図(山西省晋城の清代の民居から)。

荊州はそれ以前から劉備が身を寄せていた場所であった。当時、劉備はまだ独自の基盤がなかったので、劉琮が曹操に降ると、たちまち自分の足場を失い、南の江陵に落ちのびるしか途はなかったのであった。

曹操は荊州を取ると、そのまま一挙に劉備を全滅させるべく、選りすぐった騎兵5千を出し、昼夜兼行で猛追撃させた。『三国志』先主伝はその曹操軍のさまを、「一日一夜行くこと三百余里、当陽の長坂に及ぶ」と記す。

長阪坡で曹操軍に追いつかれた劉備は、江陵行を断念し、数十騎を従えて「漢津《かんしん》の渡しを斜趨《よぎ》って」逃げるほかなかった。逃げるにあたり、張飛に20騎を率いて後《ご》詰《づ》めをさせた。『三国志』張飛伝はそのときの様子を、「張飛は橋を切り落し、目をむき矛を横たえてこういった。我は張益徳なり。命を捨てる覚悟のあるやつは来いと。敵は皆あえて近づこうとするものはいなかった」と記している。小説

門神の張飛

▶張飛は長阪で目をかっとむき矛を横に構え、曹操軍の前に立ちはだかると、曹側の武将で近づくものは誰もいなかった。陳寿が『三国志』において彼を関羽とならぶ“虎臣”と呼んだのは当然である。

の方はこれに大々的に脚色を加え、張飛の咆哮《ほうこう》は青天の霹靂《へきれき》のよう、敵の度肝を抜き、皆カブトを落し槍を棄てて逃げた、と表現する。甚だしきに至っては、張飛のこの一喝が敵兵を退却させただけでなく、当陽橋も震動によって折れ、川の流れもこのために逆流した、という。人々がこの英雄を愛し崇拝したことは、これによってもわかるというものである。

当陽の長阪坡遺跡

当陽の橋頭に一声吼《ほ》えれば
橋梁を喝断《かつだん》し、水は倒流す

湖北当陽の張翼徳横矛《おうぼう》の場所

当陽の長阪雄風碑

といわれる当陽橋の旧跡は、今日の当陽県の北門外の沮河《そが》北岸にある。ここは長阪坡とつながるため、“長阪橋”とも呼ばれる。もとあった小橋は今はなく、代りに鉄筋コンクリートの公道の橋がかかっている。橋の上は車馬や人々が盛んに行き交い、その橋のたもとに、「張翼徳、矛を横たえし処」と書いた石碑が立っている。

趙雲

趙雲、字は子龍、河北真定の人。趙雲は胆の坐った、優れた将才をもつ人物であり、また蜀の五虎将のなかで終生１度も戦傷を負わなかった唯一の武将でもある。趙雲ははじめ公孫瓚のもとに身を投じ、後に劉備の麾下《きか》となった。彼をして名を成さしめたのが当陽長阪坡の一戦、すなわち世にいう「百万の軍中に阿斗を蔵す」である。

百万の軍中に阿斗を蔵す　話はこうである（『三国志演義』41回・42回）。劉備は昼夜兼行で猛追してくる曹操軍を前にして、列を乱し慌ただしく逃亡するなかで夫人を見失い、息子の阿斗（劉禅）と離ればなれになってしまった。趙子龍は阿斗と糜《び》夫人を救うため、曹操の陣営に７たび進入して７たび脱出し、曹操配下の武将50人余りを斬り殺し、ついに阿斗を救出した。後世この英雄を記念し、明の万暦年間（1573～1620）に坂の上に「長阪雄風」の碑を立てた。近代になると「長阪公園」や「子龍閣」などの記念の建物を建て、この蓋世《がいせい》の英雄を顕彰したのであった。

京劇中の趙雲

当陽の子龍閣

▶趙雲は劉備に帰参したのち、忠義一筋に数々の戦功を立てた。彼は建国の功臣であり、また後主・劉禅の命の恩人であった。立てた功績は数知れず、そのなかで最も称えられるのが、やはり当陽の一戦で阿斗（劉禅）を救ったことである。

子龍は一身すべてこれ胆　漢中争奪戦の時、黄忠らは曹操軍の糧秣《りょうまつ》（兵糧と馬草）を略奪しに行って包囲された。趙雲は十《と》重《え》二十《はた》重《え》の包囲に攻め込み、黄忠を救出し、本陣にもどった。曹操が大軍を率いて迫ってくると、趙雲は城門を開け放ち、曹操に伏兵があるのではないかと疑わせた。そして曹操軍が退却するとき、弓を引き絞って射かけた。曹操側の死者は数えきれないほどであった。翌日戦場を見回った劉備は、驚嘆して言った、「子龍は一身すべてこれ胆《きも》なり」（『三国志』巻36趙雲伝注「雲別伝」）と。

趙雲の胆力は、彼が兵法に精通した結

年画の虎牢関
三英が呂布と戦う図。

果であったと言えるだろう。彼は戦いにあたって、いつも先頭に立って突撃し、退くときは殿《しんが》りを務め、軍隊の士気を鼓舞した。彼は死地において生きるすべをよく理解していたので、少ない兵力で大軍にあたることになっても、決してひるむことはなかった。趙雲の将たる器量と勇猛さは、蜀を建国させる重要な力となった。『三国志演義』(97回)は、趙雲が年老いて病没した時、諸葛亮は「わたしは片腕を失った」と声をあげて嘆き悲しんだと描いているが、そこに彼の立場の重要性が見てとれるだろう。

呂布

呂布(?～198)、字は奉先、五原郡九原(内蒙古包頭《パオトウ》の西北)の人。彼は人並み外れた武芸の持ち主であり、動乱時のなかに縦横無尽の活躍の場を見出した男であった。手に方天戟《ほうてんげき》を持ち、赤兎馬《せきとば》に跨るというのは彼のトレードマークになったが、彼の武芸の腕のすごさは、“轅門《えんもん》の射戟”の事件によく表れている。

『三国志』呂布伝によると、袁術は大将・紀霊に3万の歩兵・騎兵を授けて劉備を攻めさせた。当時劉備は孤立し力が弱かった。呂布は劉備が敗れると自分にも不利になると懸念し、そこで袁術と劉備両者の間の仲だちに乗り出した。呂布は部下に戟《ほこ》をもって陣営の門(轅門)の真ん中に立たせ(『三国志演義』では150歩先に立たせたという)、人々にこう言った。「1発で命中したら和解せよ。命中しなかったら諸君らの自由にまかす。」言い終るや否や、彼は弓を引きしぼって矢を放ち、戟の刃先に１発で当てた。呂布の武芸のほどはこの逸話からよくわかるだろう。当時の人は、彼を前漢の大将李広になぞらえ、“飛将”と呼んだ。さらには「人中に呂布有り、馬中に赤兎有り」という言いまわしも生まれた。

呂布は並外れた武芸の持ち主であったが、人となりは叛服常なく、利を見て義を忘れた。彼はもと并州刺史（長官）・丁原の部下であったが、董卓の利による誘いに乗って、丁原を殺して董卓のもとに走り、董卓と父子の関係を結んだ。だが間もなく、董卓をも裏切った。この後、袁術そして袁紹のもとに身を寄せ、また一度は自立して曹操の本拠地兗州《えんしゅう》を攻撃した。その後今度は徐州にいた劉備のもとに身を投じたが、いわば庇《ひさし》を借りて母屋を乗っ取る形で徐州を奪い取った。まさに呂布の叛服常ならない生き方のために、各地の諸侯で彼に好感を持つものは誰もいなかったし、曹操も「呂布は狼子野心（情や恩義の通じない人間）で、長くそばに置くのは難しい」（『三国志』巻７呂布伝）と言った。呂布が戦いに敗れ曹操に捕えられた時、曹操ははじめ天下統一のために彼を使えないかと考えたが、劉備が丁原や董卓が殺された教訓を示して熱心に忠告したので、曹操は虎を養って将来の患いとなることを恐れ、ついに呂布を殺した。

呂布の一生は、武勇はあっても智謀がなかったの一言につきる。しかし、彼の周りには、陳宮のような優れた識見をもち、先を見通すことのできる人物が何人かはいたのだから、もし呂布が彼らの優れたところを取り入れ、自らの欠点を補っていれば、このように惨めな結末は見ないですんだはずである。呂布は政治の舞台で活動したのはわずか10年くらいだが、後漢末から三国に至る過度期を飾る人物であった。武芸は並外れていたけれども、時代を見据える深謀遠慮の曹操、劉備そして孫権と比べるならば、彼は失敗する定めにあったのである。

虎牢関の碑刻

河南省虎牢関の絆馬索　絆《はん》馬《ば》索《さく》は敵軍の馬の脚をひっかけて倒す鎖。

虎牢関の関所

▶『三国志演義』は、呂布と劉･関･張の3人（三英）が虎牢関で激しく戦ったときのことを記し､「三英､呂布と戦う」の一幕が作られた（5回）。

3　荊州に輩出した人材

荊州の赫々たる人材

後漢の末期、うち続く戦乱が人民にもたらしたものは、飢饉と死であった。この戦乱を生きのびた人々は、家を捨て故郷を離れ、秦漢時代よりこのかた、黄河流域における最初で最も大きな人口流亡をひき起こした。この大流亡は、全体として南に向い、乱を益州（四川省）に避けて劉璋《しょう》を頼るものあり、荊州・襄陽《じょうよう》一帯（湖北省）に流れて劉表に付くものあり、また江東（江南）に南渡して孫氏の麾下に投じるものあり、であった。なかでも、物産に富み中原にも近い荊州に落ちのびたものが多かった。

湖北省蒲圻の鳳雛庵
伝えられるところでは、赤壁の戦いのとき、龐統はここに隠棲していて、劉備に連環の計を示し、連環船を火攻めする作戦に貢献したということで、のち蒲圻赤壁山に記念の庵が建てられた。庵に樹齢千年の銀杏が1本あるが、これは龐統手植えの木であるという。

劉表（142～208）は名士であり、漢の宗室《そうしつ》の出でもあり、荊州の牧（長官）となって、今の湖北・湖南・河南西南部、それに広東・広西の一部を領有していた。彼は荊州においてすこぶる治績をあげた。史書（『三国志』巻6劉表伝）は、彼が積極的に土地を開拓し、数千里四方におよんだこと、10万余の兵力を擁し、社会の治安は良好で、人民の生活は豊かであったことなどを記す。しかし彼は野心家ではなく、これら豊富な政治資本を有しながら、中原の群雄争覇に介入せず、そのため荊州は比較的安定していた。そのうえ彼は教育に特に力を注ぎ、荊州の気風は大いに振興した。

このような安定した政治的、軍事的な環境と、相対的にのびやかな文化的空気が、中原の戦乱によって家郷を逃れた大勢の流民と知識人を吸収し、首府襄陽《じょうよう》には多くの名流学者たちが集った。彼らの間の交流は非常に密で、よく集ってはともに天下の大勢を論じあい、また一心に研鑽に努め、人物を批評し、時勢に対する見識を練り、官途にあずかろうとした。

襄陽に結集した名士集団は、軍閥勢力にとって、ブレーン・トラストといってもよい人士の集まりであり、政局に与える影響は非常に大きかった。諸葛亮、龐《ほう》統《とう》、蒋琬《しょうえん》、馬良、馬謖《ばしょく》、楊儀、向朗《しょうろう》、向《しょう》寵《ちょう》、廖《りょう》化《か》らは、後に劉備に従って蜀に入り、蜀の文臣武将となった。なかには魏や呉に仕えたものもいる。以下に当時、荊州に雲集した人材を表にしてみよう。

■荊州に集った著名人材一覧

姓名	本籍	才能・出身	出典（『三国志』）
龐徳公	荊州襄陽	荊州士人のリーダー、龐統の父。	巻37引襄陽記
龐統＊	荊州襄陽	著名な知謀の士、「鳳雛」と称される。諸葛亮とならぶ知名人。	巻37
黄承彦	荊州	諸葛亮の岳父、当地の名士。	巻35引襄陽記
習禎	荊州襄陽	当地の名士、談論に優れる。名声は龐統に次ぐ。	巻45引襄陽記
馬良	荊州襄陽	知謀の士、才名があった。白眉の語源となる。	巻39
馬《ば》謖《しょく》＊	荊州襄陽	馬良の弟。謀略に長けるが、戦陣には力不足。	巻39
向朗＊	荊州襄陽	官吏の能力で評価される。	巻41
向寵＊	荊州襄陽	将たる知略に優れる。	巻41
李厳＊	荊州南陽	行政能力を備える。北伐の時、軍糧輸送で失敗、流罪。	巻40
劉《りゅう》廙《い》＊	荊州南陽	すぐれた識見があった。魏に仕える。	巻21
宗預＊	荊州南陽	軍事・外交の才能を備える。	巻45
潘《はん》濬《しゅん》	荊州武陽	宋忠の門生、行政能力を備える。呉に仕える。	巻45
黄蓋＊	荊州零陵	軍事の才覚に富む。呉に仕える。	巻55
鄧《とう》艾《がい》＊	荊州義陽	勇猛で戦いに優れる。魏に仕える。	巻28
鄧芝＊	荊州義陽	抜群の外交官にして将軍。	巻45
蔣琬＊	荊州零陵	統治の才を備える。	巻44
費《ひ》禕《い》＊	荊州江夏	行政・外交の能力に富む。	巻44
廖《りょう》立《りつ》	荊州武陵	龐統と並ぶ知略の士。重用されず、政治批判の罪で流され、汶山に死す。	巻40
陳震＊	荊州南陽	実直で外交に巧み。	巻39
楊儀＊	荊州襄陽	政治・軍事の才能を備えるも、性格がゆがみ、のち失脚。	巻40
霍《かく》峻《しゅん》＊	荊州南郡	軍事の才能を備える。	巻41
劉巴＊	荊州零陵	清潔で文才あり。はじめ魏に仕え、のち蜀に仕える。	巻39
魏延＊	荊州義陽	勇猛で戦いをよくする出色の将軍。	巻40
廖化＊	荊州襄陽	勇猛果敢で、識見もあった。	巻45
宋忠	荊州南陽	荊州学派の総師、漢末の新易学の代表人物。	巻６など
司馬徽	予州潁川	荊州士人のリーダー、「水鏡」と称された。劉備に諸葛亮や龐統を推挙。	巻35引襄陽記など
酆《ほう》公《こう》玖《きゅう》	外来	諸葛亮の先生、兵書に習熟した。	
諸葛亮＊	徐州琅邪	統治の才をもち、「臥龍」といわれる。劉備に有名な「隆中対策」を示す。蜀政権成立のキーマンとなる。	巻35
石広元	予州潁川	諸葛亮の学友。	巻35引魏略
徐庶	予州潁川	諸葛亮の学友、劉備に諸葛亮を推挙する。	巻35引魏略
孟公威	予州汝南	諸葛亮の学友。	巻35引魏略
崔《さい》州《しゅう》平《へい》	冀州博陵	諸葛亮の学友。	巻35
李《り》譔《せん》＊	益州梓潼	父・仁は司馬徽・宋忠の門生。経史・算術・卜数・医薬・弓弩・機械すべてよくする。著作多数。	巻42
尹《いん》黙《もく》＊	益州梓潼	司馬徽・宋忠の門人、『左氏春秋』に精通。	巻42
王《おう》粲《さん》＊	兗州山陽	博学多識、文才抜群。魏に仕える。	巻21
裴《はい》潜《せん》	司州河東	行政能力を備える。魏に仕える。	巻23
和《わ》洽《こう》＊	予州汝南	行政能力を備える。清貧の人。魏に仕える。	巻23
趙《ちょう》儼《げん》	予州潁川	筋の通った剛毅さをもち、謀略に巧み。魏に仕える。	巻23
杜《と》襲《しゅう》＊	予州潁川	謀略と軍事に巧み。魏に仕える。	巻23
伊籍＊	兗州山陽	行政の能力に富み、機知にあふれる。	巻38

（表中＊印の人物は、三国で活躍し、功績をたてた代表的人物。本籍については巻末の「三国領域州名一覧表」参照。）

上の表にあげた40人という人材のうち、地元荊州系は25人、外来系は15人を占める。このことは、荊州という土地がもともと人材が豊かであったこと、また戦乱がもたらした人口の流亡が荊州の人材を増加せしめたこと、を映し出している。しかしもっと重要なのは、当時の国々がこれらの人材を十分に活用して建国創業に当らせ、各人がもつ能力を発揮せしめたということである。これは下表からうかがうことができる。

■荊州に関わった主要人士一覧

姓名（出身州）	国・官位	能力または貢献
諸葛亮（徐）	蜀・丞相	天下三分の計を出して劉備の帝業を助け、劉禅を支える。
龐統	蜀・軍師中郎将	劉備の重要な策士。従って四川に入り、雒城に戦死。
李厳	蜀・尚書令、驃騎将軍	劉備の遺託を受け、諸葛亮と劉禅を支える。
向朗	蜀・丞相長史、左将軍	諸葛亮の南征のおり、成都で留守にあたる。
向寵	蜀・中領軍	夷陵の戦いに、向寵の陣だけ破られず。諸葛亮は「出師の表」で彼の武将たる能力を高く評価。
馬謖	蜀・参軍	諸葛亮の南征で蛮夷の心をつかむ策を献ず。諸葛亮の第１次北伐で、諸葛亮の指図に違い、街亭に敗れる。
伊籍（兗）	蜀・昭文将軍	諸葛亮・法正・劉巴・李厳と「蜀科」（法律）を策定。
尹黙（益）	蜀・軍祭酒、太中大夫	後主・劉禅の先生で、『春秋左氏伝』を講義。
李譔（益）	蜀・中散大夫	後主・劉禅が太子の頃からの側近。
宗預	蜀・鎮軍大将軍	軍事・外交の才能を備える。たびたび呉に使者となり、蜀と呉の連盟に多大な功績をあげる。
鄧芝	蜀・尚書、車騎将軍	夷陵の戦い後、呉に使し呉蜀の連盟を修復。何度も諸葛亮の北伐に加わる。
蔣琬	蜀・録尚書事、大司馬	前半は諸葛亮の政治を助け、後半は蜀の統治権を握り、諸葛亮の定めた方針を遵守。
費禕	蜀・録尚書事、大将軍	何度も呉に使いし、使命の完遂に活躍。蔣琬亡き後、蜀の宰相となり、国政の大権を握る。諸葛亮の「出師の表」でその忠実ぶりを称える。
陳震	蜀・尚書令	建興７(229) 年、蜀を代表して呉と天下中分の約を結ぶ。
楊儀	蜀・丞相長史	たびたび諸葛亮の北伐に従い、軍の運営に貢献。のち民に落とされ自殺す。
霍峻	蜀・梓潼太守	劉備が蜀に入り、南の劉璋を攻めると、葭《か》萌《ぼう》城を留守し、張魯軍を撃退。
劉巴	蜀・尚書令	劉備の治政を助け、劉備即位儀式の文書を作る。
魏延	蜀・漢中太守、前軍師征西大将軍	漢中に軍を置き、蜀の北門を守る。たびたび諸葛亮の北伐に従い、卓絶した戦功をあげる。
廖化	蜀・右車騎将軍	関羽を助けて荊州を守る。のち姜維に従い魏と交戦し、最後は剣閣を死守。
王粲（兗）	魏・侍中	曹操軍が荊州に進出したおり、劉琮に降伏を勧める。魏の建安の著名な文学家となり、作品に「登楼賦」（『文選』所収）がある。
劉廙	魏・侍中	曹操に内政充実を勧める。
和洽（予）	魏・侍中、太常	人材を選ぶのに才能あるものを重視し、苛《か》斂《れん》誅《ちゅう》求《きゅう》をなさぬよう建議。
杜襲（予）	魏・長安留府長史、尚書	曹操に従い張魯を討つ。夏侯淵が殺された後、漢中軍の人心安定に努める。最後は司馬懿の軍師。
鄧艾	魏・征西将軍	魏の蜀討伐軍の主将の１人。密かに陰平を渡り、成都を占領。蜀の後主・劉禅の降伏を受ける。
黄蓋	呉・武鋒中郎将	周瑜に従って赤壁で曹操と戦い、火攻めの計を出す。また山越の平定に尽力。

（　）内に出身州が記されていないものは荊州の出身。（巻末の「三国領域州名一覧表」参照。）

上記の表は次のような重要な傾向を示している。すなわち、蜀が採用した荊州の人材は、魏・呉の両国と比べてはるかに多いということである。これらの人材は、領土が狭く、国力も弱かった蜀が、魏・呉と対抗していく上で、大きく貢献した。まさに荊州の人材は、三国の歴史全体に多くの彩りを添えたのであった。

龐統祠の諸葛亮と龐統像（四川省徳陽の龐統祠） 諸葛亮と龐統を人は“伏龍《ふくりょう》”・“鳳雛《ほうすう》”と呼んだ。ともに荊州が生んだ逸材である。

四川省徳陽の龐統祠山門遺跡
龐統の死後、あちこちに彼を祀る祠が建てられたが、なかでも龐統が遭難した四川徳陽に建てられた龐統祠が最も有名である。

蒋琬《しょうえん》墓
四川省綿竹市の西山の上にある。蒋琬は蜀の名臣で、官位は大将軍・大司馬に至る。諸葛亮の進める対魏対呉作戦を支えた中心メンバー。諸葛亮の死後、蜀の軍政を担い、涪城《ふうじょう》（今の綿陽）に軍を駐屯させた。蜀の延熙9(246)年病没し、その地で埋葬された。墓地はその後度々改修され、よく保存されている。

落鳳坡古駅道

▶伝えによると、龐統は劉備に従って蜀に入り、軍を進めて徳陽まで来たところで、龐統の馬が突然暴れ出したので、劉備は馬を換えてやった。まもなくして敵の伏兵が現れ、龐統を劉備と誤認して矢を一斉に射かけ、龐統は矢にあたり馬から落ちて死んだ。以後この地は龐統の号“鳳雛”をとって、“落鳳《らくほう》坡《は》”と名づけられた。

司馬徽と水鏡荘

荊州の人材のなかでも、司馬徽《き》は特別な人物であると言えよう。司馬徽、字は徳操、潁川《えいせん》（河南省許昌）の人。後漢末の著名な古文経学家《けいがくか》であり、立ち居振る舞いは典雅にして人を見る目に優れ、人々は彼を「水鏡」と呼んだ。『三国志』巻37の本伝にこんな話が載っている。龐統《ほうとう》は若い頃愚鈍で、彼を認める者は誰もいなかった。20歳のとき、彼は襄陽（湖北省）から潁川の司馬徽を訪ねた。たまたま桑の木の上で桑をとっていた司馬徽は、木の下に坐った彼と一日一夜語り明し、大変驚いて言った、龐統の才能は南州（荊州）人士の第一位だと。これ以後龐統の名は次第に世に知られるようになった。

司馬徽は襄陽に身を寄せた後も、多くの弟子が彼の教えを受けた。彼は当時襄陽士人の中心人物であった龐徳公（龐統の叔父）と親密に交際をし、ある時には龐徳公の家にずかずか上がり込み、その夫人に食事を用意させるようなこともあった。また諸葛亮とも親交が厚く、劉備が「三顧」の前に司馬徽に時世の策を問うた際、司馬徽は彼に、諸葛亮と龐統を起用することを建策した。かくして「三顧」の後、劉備は諸葛亮と龐統の２人を招き、彼の漢の復興のために働いてもらうことになるのである。

司馬徽が荊州に身を寄せていたときの寓居は、襄陽城の東を流れる沔水《べんすい》にできた魚梁洲《ぎょりょうしゅう》の南部にあった。そこは魚梁洲の龐徳公の住まい、沔水西岸の白沙曲の龐統の住まいと、いずれも近かった。したがって彼らは、行き来が緊密であっただけでなく、時にはまた「舟を泛《うか》べて裳《もすそ》を搴《かか》げ、卒爾《そつじ》として休暢《きゅうちょう》し」て船遊びに興じた（『水経注』沔水注）。今日、湖北省南漳《なんしょう》県の南に水鏡荘なる所があり、司馬徽がその当時隠棲した場所であると伝えられる。この別荘は前に彝水《いすい》を臨み、背後は玉渓山が迫る。荘内の建物全体は山を背にして建てられており、外から順に門楼、頭天門、二天門、白馬洞、そして司馬徽故居と連なり、その配置が独特の趣をかもしだす。荘前には清らかな水がさらさらと流れ、荘後の樹木はざわざわと風に揺れ、人を佳境へと誘《いざな》っている。

四川省徳陽の龐統遭難の落鳳坡

湖北省南漳県の水鏡荘

▶水鏡荘は司馬徽が隠棲した場所であり、また荊州の名士たちと往来した所でもある。

南漳県水鏡荘　司馬徽《しばき》隠棲の地

第2部　三大戦役と戦略要地

三国の成立から滅亡は、波乱に満ちた壮大な戦争絵巻であった。90年間にわたり、広い領域で、多くの兵を用い、謀略を尽くして戦ったが、それは過去に例をみない国力と軍力の命がけの戦いであった。各国は互いに謀りごとに心を砕き、兵力を厳しく整えたが、目指すは当世に覇を称えることであった。

数え切れない戦いのなかで、この時代に決定的な意味を持ったものに３つの大きな戦役がある。第１は200年（後漢・建安５年）の官渡の戦いで、曹操は烏巣《うそう》を焼き、袁紹を潰滅させ、中原を統一した。この一戦は曹操勃興のポイントとなった。つぎが208年（建安13年）の孫権・劉備の連合軍が曹操と対戦した赤壁の戦いで、曹軍の鎖で繋がれた船を焼いた。この一戦が天下三分の形勢を確定した。さらに222年（魏・黄初３年）、呉の将軍・陸遜が指揮した夷陵の戦いでは、連なった蜀の陣営を焼き、劉備を撃破し、蜀軍の東進を阻んだ。この一戦は呉と蜀両国の命運に大きな影響をおよぼすものであった。

これら天下の帰趨に関わった三大戦役は、注目すべき共通性がある。１つは少数で多数に勝ったということ、２つは攻撃をもって防御としたこと、３つ目は火攻めで勝利を決定づけたことである。軍略家たちの卓越した指揮は、多くの華やかな戦いの事跡を生み出し、また同時に後の世まで語りつがれるエピソードを残したのである。

1　〈三大戦役の１〉官渡の戦い――曹公の奇兵、官渡を驚かす――

190年、袁紹は関東（函谷関、潼関《どうかん》の東側。今日の河北・河南・山東一帯をさす）の連合軍の盟主となり、20万の軍勢を率いて洛陽に進み、董卓を討伐した。当時ただ曹操と孫堅だけが、自分の兵力が少ないのも顧みず、全力で袁紹に協力して董卓に立ち向かった。他の各地から来た首領たちは毎日宴会にふけり、兵糧飼料が尽きると、勝手に離れていった。曹操はこうした彼らを軽蔑し、戦いに敗れ兵力を失うと、みずから故郷にもどり、資産を散じて兵を募ったのである。

10年後、袁紹は全国最強の実力を有する軍閥となり、冀州（河北省）の鄴《ぎょう》城に中心を置き、黄河以北の４州を領するまでになった。曹操は30万の青州黄巾を配下に編入し、洛陽に出向いて漢の献帝を許都（河南省許昌）に迎えると、呂布・袁術を滅ぼし、張繍《ちょうしゅう》を降伏させ、劉備を追い出して、黄河以南、長江以北の広大な領域を支配下に入れた。

官渡の戦いの経過

200年、曹操は兵を出して黄河南岸の白馬を守らせた。袁紹はそれを聞くと、すぐさま10余万の大軍を率いて南下し、一挙に中原を押えようとした。彼は大将の顔良を先鋒とし、黄河を渡って白馬を攻めさせた。曹操は急のことで防備の体制ができておらず、集結しえた軍勢は１万にも満たなかった。そこでこの時、彼は策士・荀攸《じゅんゆう》の計を採り、軍を西に動かし、延津《えんしん》を攻めると見せかけた。袁紹は計略を見抜けず、同じく軍を率いて西行し、曹軍を一気に討伐しようとした。

曹操は半ばまで進むと、突然方向を変え、白馬を包囲する袁紹軍を直撃した。曹操の陣営に身を寄せていた関羽が、一気に駆け抜けて袁紹の大将顔良の首を取って帰ったのはこの時のことであった。白馬の囲みを解いた後、曹操は再び軍を延津にまで引き返すと、袁紹の大軍が後を追ってきた。曹操は配下の軍隊に命じ、馬の鞍をはずし馬を解き、輜重《しちょう》（軍用物資）を路上に放置し、敵を侮っているかのように装い、袁軍の大将・文醜《ぶんしゅう》と劉備が軍を率いて追いかけてくるのを待ち構えた。曹操は、やってきた袁軍が路上

河南省中牟の官渡古戦場

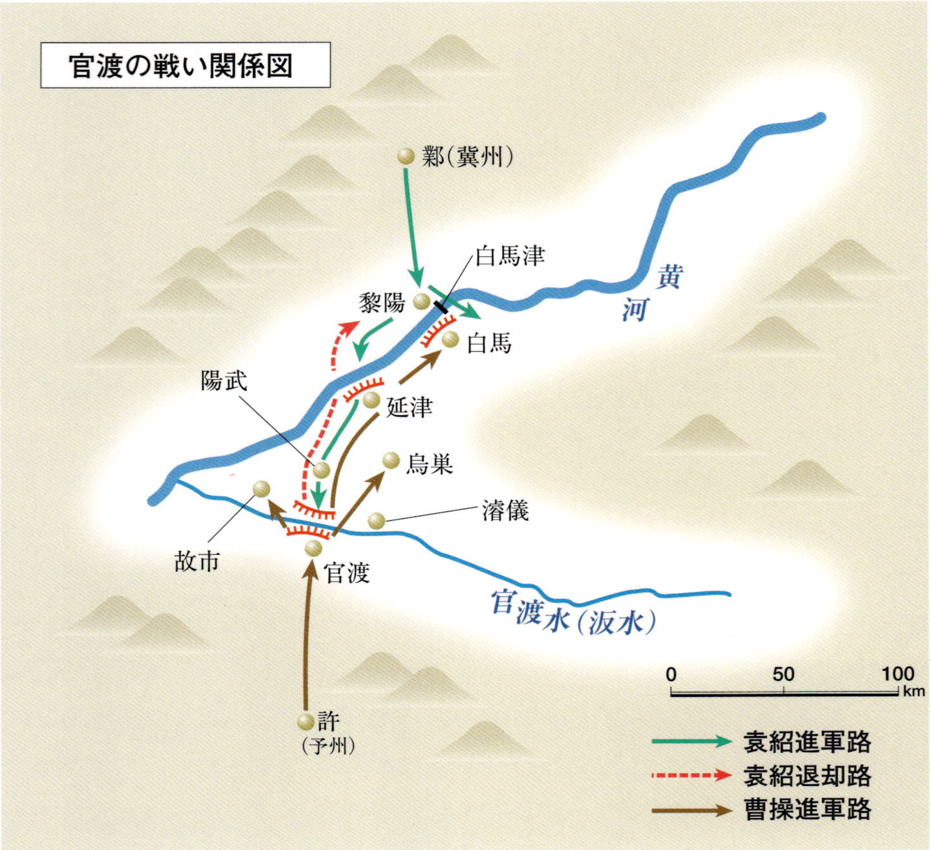

の資材を奪いあう機を捉え、騎兵に突撃を命じ、大将・文醜を斬り、馬数千頭を手に入れた。

　袁紹は大軍を率い、官渡において曹操軍と対峙したが、曹軍は軍営にこもって出ず、両軍睨みあったまま互いに譲らなかった。曹側の兵糧や飼料が底をつきかけたちょうどその頃、袁紹の軍師・許攸《きょゆう》が投降してきた。曹操は大喜びし履物を履くのももどかしく、裸足のまま陣屋から飛び出して迎えた。彼は許攸の計に従い、袁軍に扮装させた奇襲部隊を率い、袁軍の関門を通過し、袁紹の兵糧を蓄える烏巣《うそう》を襲い、火を放って袁紹軍の糧秣を焼き尽くした。袁軍はこれによって動揺し、大将は離反し、袁紹は手勢800騎

■三国の国力比較表（宮川尚志著『諸葛孔明』より）

国	州	州の名称	郡	県	戸	口	兵	吏
魏	12	司・予・冀・兗・徐・青・荊・揚・雍・涼・并・幽	93	720	663,422	4,432,891	60万以上	2万以上
呉	4	揚・荊・交・広	43	331	523,000	2,300,000	23万	3万3千
蜀	1	益	22	139	280,000	940,000	10万4千	4万

（州名については巻末の「三国領域州名一覧表」参照。）

で軍を棄てて逃れた。曹操はこれに乗じて官渡にとって返し、１万の軍士を指揮して袁軍７万余を斬殺した。この一戦は、曹操が北方を統一する基礎を固めるものとなった。この後、曹操の大軍は河北を掃討し、207年にはついに北方を統一したのである。

官渡の戦いは戦争史の上で、少数で多数に勝った典型的な事例である。この戦いの勝敗は、人材の運用によるところがとくに大きい。袁紹の下には人材が多かったが、彼は傲慢で実力を過信して人材を用いることができず、他方曹操は、荀攸や許攸の意見を受け入れ、勝利に導いたのである。

官渡の戦いの記念館(中牟《ちゅうぼう》)

官渡古戦場の古《こ》槐樹《かいじゅ》
曹操が馬を繋いだ所と伝えられる。

官渡の古戦場遺跡

当時、数十万の軍馬が戦い殺しあった古戦場は、今日その故地を探しあてるのは難しい。しかし後世この激戦を記念して付けた地名が、わたしたちに1800年近くも前の血と火の情景を思い起こさせてくれる。

今日河南省中牟《ちゅうぼう》県城から東北へ2.5kmのところに、官渡橋という村がある。これが当時官渡の戦いの主戦場であろうが、今はもう「官渡も無く橋も無く、化して作《な》る、煙柳（かすみにけぶる柳）万千条」の様相である。官渡橋から２里ほど行った林柜坡《りんきょは》（柳の木が生い茂って林をなす丘陵地)、すなわち今日の水潰《すいかい》村は、曹操軍がかつてここで袁軍を破ったところである。そのおり袁軍は地下道を掘り曹操の陣営までつなげたが、曹軍は溝を掘って水をそのなかに流しこみ、袁軍を撃破したのである。官渡橋と水潰村の間は逐《ちく》鹿営《ろくえい》と呼ばれるが、これはあの年両軍が対陣し、中原に鹿を逐《お》った（天下を争った）情景を連想させる。この他、曹公塁、袁紹岡があるが、もはや当時の風景を再現することはできない。

官渡黄河の落日

2 〈三大戦役の２〉赤壁の戦い——東風烈火、赤壁を焼く——

湖北省蒲圻《ほき》には、長江の流れに臨んで断崖絶壁がそびえ立ち、“赤壁”の２字が刻まれている。これこそは三国時代、周瑜が兵を駐屯した場所である。その年、呉の水軍は東風に乗って曹操の軍営に火攻めをかけ、20数万の曹軍は瞬く間に焼け潰滅してしまった。それはいわば天地を驚かし、鬼神を泣かすほどのことであった。

赤壁の戦いの経過

208年、曹操は北方を平定すると、まさに自信満々、中国の統一は目前にあると考えた。彼は軍を率いて南下し、荊州（南郡江陵）を取り、水陸20数万の軍勢を集結させ、長江の流れにしたがって下り、一挙に呉を滅ぼす計画を立てた。ちょうどこの時、孫権は魯粛を荊州に行かせていて、劉備の実力を知った。魯粛は、長阪坡で敗残した劉備と会うや、すぐ彼に孫権と連合して自分の足場とする土地を獲得するようにと勧めた。諸葛亮はそれをうけて自分の方から提案した。わたしが呉に赴き、連合して曹操に当るように孫権を説得しましょう、と。

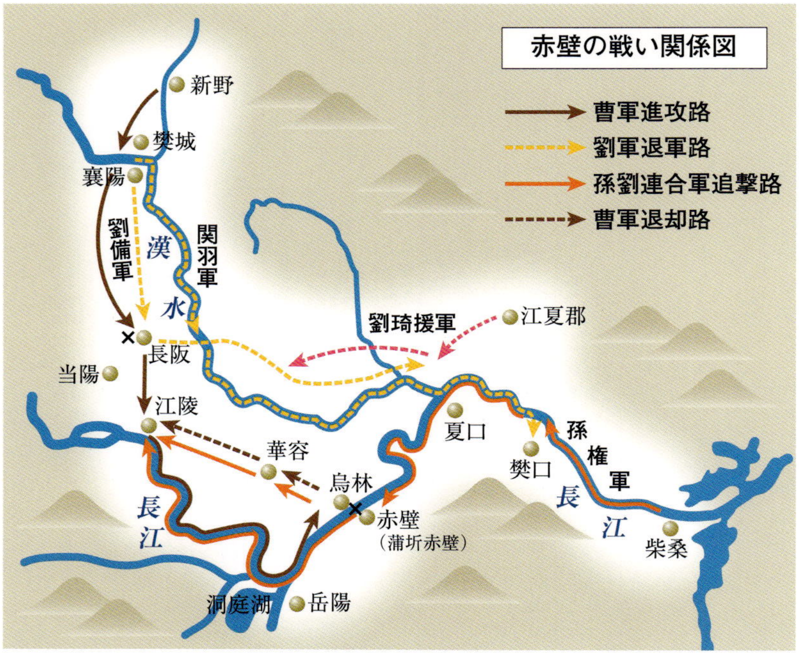

この時、曹操はすでに軍船を配備し、80万の大軍と称して威嚇した。呉の朝野は驚き色を失った。諸葛亮は呉にあって、孫権に詳しく形勢を分析してみせたが、孫権にはなお曹操を破る目算はなかった。諸葛亮はこういった。「もし孫・劉の両軍が連合すれば、曹軍を破ること必定です。曹軍は敗れれば必ず北へ退き、こうして天下三分の形勢が確定できるのです。曹操と対抗して勝てるか負けるかは、今の決断にかかっています」（『三国志』巻35諸葛亮伝）。孫権はそれを聞いて、やっと連合の意志を固めた。これに加えて、周瑜と魯粛が熱心に曹操への抵抗を主張した。魯粛は孫権に、「私がもし曹操に降れば、彼は必ず私を厚遇します。しかしあなたが曹操に降っても、それに見合う落ち着き場所がありますか」（『三国志』巻54魯粛伝）といった。周瑜も両軍をとりまく状況の優劣を分析し、ついに孫権を説いて劉備と連合して戦うことを決断させた。

（上）蒲圻赤壁の拝風台
拝風台はもと呉主廟といい、呉王・孫権を祭った。後に諸葛亮が壇を築き東風をよんだ故事にちなみ、明代に諸葛亮を祭る祭台に改め、武侯宮の一部に組み入れた。

（下）蒲圻赤壁の望江亭
当時、黄蓋《こうがい》が偽ってここから曹操に降ったと伝えられる。赤壁の戦いの前、黄蓋は曹操側の軍船を火攻めにする計を周瑜に提案し、曹操水軍の陣営に接近するために、投降すると伝えた。曹操は計略にはまり、自軍の軍船を焼かれる事態となった。

蒲圻赤壁

▶208年、曹操は20数万の大軍を率いて南下し、孫権と劉備を滅ぼそうとしたが、逆に孫・劉連合軍に敗北し、天下三分の形勢を確定する結果となった。

劉備は毎日長江の岸辺で、呉軍の到着をじりじりしながら待ったが、彼は周瑜がわずか３万の兵を率いてきたのを見て、失望の色を隠せなかった。しかし周瑜は自信に溢れ、こういった。「貴公はわたしがどうやって曹操を破るか、じっくり見ていて下さい。」こうして連合軍は配置につき、長江を隔てて曹軍と対峙することになった。

曹操軍のほとんどは北方の人で、南方の気候風土が合わず、また水上戦には習熟していなかった。加えて長期の行軍で、疲労困憊し、また疫病の蔓延に見舞われていた。曹軍は初戦で挫かれると、やむなく南岸の陣地を棄て、北岸の烏林《うりん》に退いて連合軍と対峙した。その時、曹操の水軍は、軍船の首尾を連ねて一体としていた。周瑜は部将・黄蓋《こうがい》から曹軍のこの配備の欠陥を聞くと、火攻めの計略を用いることを決め、黄蓋は曹操に手紙を出し、偽って投降することにした。曹操は勝利が転がりこんできたと確信し、警戒が緩んだ。

11月のある日、夜になって東風がにわかに吹き始めた。黄蓋は10艘の引火船を率い、枯れ草や薪を満載し、油を注ぎ滲みこませ、幔幕で覆って偽装し、上に軍旗を立て、東風に乗り帆を揚げ疾駆して曹操の水軍営に向かった。船上の兵士に降伏してきたと一斉に叫ばせると、曹軍側のものたちはその様子をながめ、本当に黄蓋が投降してきたと思った。船隊が曹軍に近づくと、時を移さず薪草に火が点けられ、火船はそのまま東風に乗って曹軍の船陣に突っ込んでいった。と、見る間

今日の烏林
湖北省監利《かんり》県曹橋にある。赤壁で敗れた曹操軍はここまで逃げてきて、泥に足をとられ、人も馬も大変難儀をし、兵力の消耗は甚だしかった。

（上）湖北省洪湖県烏林寨《うりんさい》

（上右）洪湖県曹操湾

にあたり一面火の海となり、陸上の陣営も火に呑み込まれた。こうして曹軍は甚大な損傷を受け、軍は潰滅したのである。

曹操は残存の部隊を率いて華容道を敗走し、江陵へと撤退した。この時大雨が降り、道は泥に足をとられて進めず、輜《し》重《ちょう》や馬をほとんど失った。難渋を極める道路に、曹操は兵士に柴草を敷かせ、苦労しながら一歩一歩進み、周瑜や劉備の追撃をふり切って、やっとのことで危機を脱したのである。

赤壁の戦いで、曹操は多大な兵力を失い、長江流域を併合する力を無くし、北方に撤退した。劉備はこの勝利で荊州（江陵）以南の４郡（湖南省一帯）を占領し、孫権が得た南郡の一部も借りうけ、これより自前の支配地域を持つことになった。彼はそのあと蜀に入って皇帝を称し、漢と号するが、孫権の方は建業（今の南京）

を都として、嶺南（広東省・広西省）から北の広大な地域を収め、国号を呉とした。

『三国志演義』の作者は、三国の命運を確定したこの戦いのなかに、「蒋幹《しょうかん》、書を盗む」、「草船に箭《や》を借る」、「苦肉の計」、「東風を借る」などのエピソードを追加し、その歴史をさらに生き生きと潤色し、豊かで多彩な物語に仕立てたのであった。

洪湖県白骨塚
曹操はここまで退却してきたが、兵馬の損失はひどかった。彼は部下に命じ、柴や草を道に敷かせ、苦労の末にここを抜け、ついに国境を脱けたのであった。

蒲圻赤壁の武侯宮

蒲圻の赤壁山

今日の赤壁

今日の赤壁は、長江の水勢が激しくぶつかって流れる南岸の場所にある。ここは三方を山に囲まれ、一方は江の流れに臨み、岩肌が切り立った険しい地勢である。一帯は紅砂岩からなるために赤茶色を呈し、それゆえ赤壁とよばれたのである。北岸の烏林《うりん》は、唐宋のころより兵器が田圃のなかから出土しており、当時の戦争の大規模ぶりが窺われる。唐代の詩

赤壁古戦場出土の銅戈・銅剣

赤壁古戦場出土の鏃《やじり》

▶蒲圻赤壁は赤壁の戦いの古戦場である。ここでは唐代以後、周辺の田中から三国時代の武器がしばしば出土し、あの戦いがいかに大規模であったかをうかがわせる。

人・杜牧《とぼく》は赤壁を訪ねたおり、砂地のなかから戟《げき》の残骸を拾い出し、それをもとに有名な「赤壁」(『樊川文集』巻4)の詩を残したのである。

折戟《せつげき》は沙に沈んで鉄未《いま》だ銷《と》けず
自ら磨洗を将《もつ》て前朝を認《したた》む
東風　周郎が与《ため》に便せずんば
銅雀　春深くして二喬を鎖《つな》がん

実際に戦いがあったこの地点のほかに、赤壁と呼ばれる場所は4か所あるが、しかし考証の結果、それらがあの戦いがあった赤壁でないことがわかっている。宋代の文豪・蘇軾《そしょく》(号は東坡《とうば》)もまた、気迫のこもった「念奴嬌《ねんどきょう》・赤壁懐古」と前・後「赤壁の賦」を書き、文壇の大作となった。蘇軾が訪れた赤壁はかの古戦場ではないが、彼の文章の素晴らしさがゆえに他を圧倒することとなった。こうしてこの赤壁は文赤壁と呼ばれ、周郎(周瑜)の武赤壁と並んで有名となったのである。

「赤壁」の所在図

周郎赤壁の所在と天下に聞こえた東坡赤壁

　赤壁といえば、必ず208年の赤壁の戦いを想起するだろう。だがしかし、湖北省の長江から漢水にかけての一帯には、赤壁と呼ばれる場所は５か所もある。そのなかで、漢陽県西南60里の臨嶂《りんしょう》赤壁と漢川県城の西80里の赤壁山（漢川赤壁）は、ともに漢水を見下ろす場所にある。残りの３か所は、長江沿岸にある。結局どれが赤壁の戦いの赤壁なのだろうか。

　ある人は『水経注』によって、今の武昌県内の赤壁山の北であると断定し（武昌赤壁）、またある人は唐の『元和郡県図志』によって、蒲圻県西の烏林の対岸がそれであるとし（蒲圻赤壁）、また多くの文人たちは黄州（黄岡《こうこう》）赤壁に古の情感を感じ取ってきた。近年になって、出土文物を手掛かりに、ようやく蒲圻赤壁が赤壁の古戦場であると認定され、決着をみたのである。おもしろいことに、蒲圻赤壁はそれまでほとんど注目されておらず、黄州赤壁の方が逆に有名であり、黄州赤壁を誤って赤壁の戦いの戦場とする見方もまかり通ってきた。

　黄州赤壁は黄州城西、赤鼻山山麓にある。唐宋以来、黄州は文人の集う土地となり、その文人たちが知らず知らずのうちに、黄州赤壁を周郎が曹操を破った場所と誤解させていたのである。古くから人々はこの混同の責任を蘇軾に負わせてきた。明代の人・胡珪《こけい》の「赤壁考」はいう。「蘇子瞻《しせん》（蘇軾）が遊んだのは黄州城外の赤鼻磯《き》であり、当時それを周郎の赤壁と誤認したのだ」と。現代の人も東坡が「常識上の誤り」を犯したというが、はっきりいって、これは誤解である。

　蘇東坡は「大江東去」詞と前後「赤壁賦」を作った時、以下のようにはっきりと説いている。

> 黄州の西山麓より江中（長江）まで、石の色は丹の如し。伝えて云う、曹公の敗るる処、所謂赤壁なる者ならんと。或ひと曰《いわ》く、非なり。曹公の敗れ帰るは、華容路に由《よ》る。……今の赤壁よりやや西した、その対岸即《すなわ》ち華容鎮なる所、是《これ》にちかし。然れども岳州に復た華容県あり。ついに孰《いず》れが是《ぜ》なるかを知らず。

（『漁隠叢話』後集巻28）

　このことから、蘇軾は決して黄州赤壁こそが赤壁の古戦場と断定したわけではないことがわかる。

実のところ、文学作品のなかで黄州赤壁を周郎赤壁としたのは、李白から始るのである。李白「赤壁に送別を歌う」(『李太白詩』巻8)はいう。

二龍は争戦して雌雄を決す
赤壁の楼船、地を掃《は》きて空《くう》なり
烈火は天に張《みなぎ》り雲海を照らす
周瑜はここにおいて曹公を破る

ある人の考証によると、李白のこの詩はまさに黄州において書かれたものという。とすると、盛唐時期にすでに混同が見られたことがわかるだろう。晩唐の有名な詩人・杜牧の「斉安郡の晩秋」と「黄州にて李岳州に寄す」の作品は、いずれも誤って黄州を赤壁の古戦場とする。これは李白の次に赤壁の位置を混同したものである。これに比べるならば、蘇東坡は李白と杜牧よりまだ慎重であったようにみえる。彼は黄州赤壁を周郎が曹操を破った場所とするのには懐疑的であった。さらにいうならば、李白・杜牧だろうが、蘇東坡だろうが、彼らはみな詩のなかでそのことを詠《うた》ったのであって、別に論述したわけではない。

赤壁は何を須《もつ》て出処を問わん
東坡もと是れ山川に借る

彼らは山川自然の古跡に借りて、歴史を詠い、心の想いを表現したに過ぎないのである。

赤壁の戦場の所在は混乱してしまったが、多くの文人、なかでも蘇東坡の赤壁に関する多くの作品が世に出たことによって、黄州赤壁の名が最もゆきわたるようになった。まさに後の人が、

これ当年(戦い当時)の二篇の賦にあらず
如何《いかん》ぞ赤壁、黄州に在る

という通りである。こうして東坡より以後、「黄州赤壁、天下に聞こゆ」となったのである。

湖北省黄州の東坡赤壁

黄州の東坡赤壁山門

▶実際の戦いのあった赤壁(蒲圻赤壁)の他に、赤壁とよばれる場所は4か所あるが、いずれも赤壁の戦いのそれでないことが確認されている。宋代の文豪・蘇軾の「念奴橋《ねんどきょう》・赤壁懐古」と「前・後赤壁の賦」は赤壁をとりあげているが、彼が訪ねたのは本当の古戦場ではなかった。ただ彼の文の素晴らしさによって、この赤壁は“文赤壁”とよばれ、周郎(周瑜)の“武赤壁”と同じく有名になった。

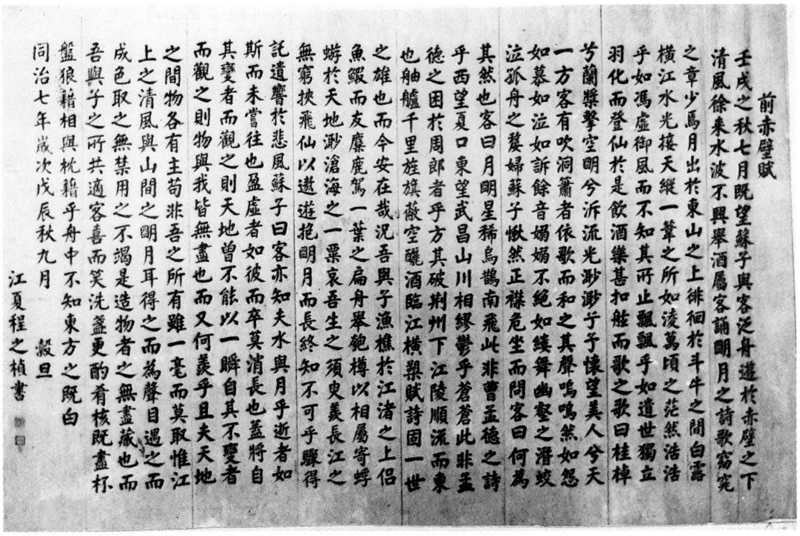

前赤壁の賦（黄州）

しかしながら早い時期から、学識ある多くの人士たちは、黄州赤壁が当時の赤壁激戦の所ではないことを知っていた。誤りが誤りのまま伝えられることを避けるために、清の康熙の時（1662～1722年）、黄州赤壁の風景区が再整備されたおり、黄州赤壁と蒲圻赤壁とを区別するように主張した人物がいた。当時の画家で黄州知事であった郭朝祚《かくちょうそ》は、元《げん》の人・鄭元佑《ていげんゆう》の詩題に基づいて、門額を書くにあたり、黄州赤壁を「東坡赤壁」と正式に命名した。またこれと蒲圻赤壁とを文と武で区分したところから、文赤壁と武赤壁の呼び方が広く用いられることとなったのである。

3 〈三大戦役の3〉夷陵の戦い——連営を火攻めにすること七百里——

矛を持ち火を挙げて連営を破り、
玄徳、窮して白帝城に奔《はし》る。一旦に
威名、蜀魏を驚かし、呉王、寧《いずく》ん
ぞ書生を敬せざらんや。

（『三国志演義』84回）

羅貫中がこの詩で詠じたのは、呉の名将・陸遜が夷陵《いりょう》の戦いで劉備を大敗させ、国のために功を立てたということである。

夷陵の戦いの背景

夷陵の戦いの前、孫と劉の両勢力は荊州の争奪をめぐって２度干戈《かんか》を交えた。最初に両軍が対峙したのは、214年から215年の、長沙・零陵・桂陽の南３郡をめぐる争いである。

214年、孫権は益州を奪取した劉備のもとに、荊州の南３郡を返すようにと、諸葛瑾《きん》をやって求めたが、劉備の拒絶にあった。孫権は激怒し、実力で３郡を奪おうと出兵し、これにたいして劉備も蜀から長江を東下し、両軍一触即発の危機となった。この時の経過の詳細は後に述べることにしよう（108頁参照）。

219年、関羽は北伐に出、曹操側がよっている荊州北部・襄陽方面を威圧した。孫権は江陵の関羽の軍勢が北上したこの機会を捉え、呂蒙《りょもう》に南郡（江陵）を奪い取らせ、関羽を捕えて殺した。これが孫・劉両者の２度目の衝突である。このことも後に詳しく述べよう（109頁参照）。この戦い以後、孫・劉の連合は決裂し、両家は敵対状態に入る。孫権は復讐に燃える劉備の攻撃を防ぎ、曹氏から背後をつかれるのを避けるために、魏を建て帝位についたばかりの曹丕《ひ》（文帝）に臣従の礼をとることもはばからなかった。

石宝寨《せきほうさい》　白帝城からさらに長江を遡《さかのぼ》った四川省万県市と忠県の間の北岸に、むき出しになった岩肌、険しい地勢の峰がそそり立つ。古来、長江を押さえようとする勢力が手に入れようと鎬《しのぎ》を削った軍事上の要衝であり、三国時代にもここで激戦が繰り広げられた。

庇を重ね高くそびえる石宝寨の楼閣

湖北省枝城猇亭《おうてい》の夷陵の古戦場

夷陵の戦いの経過

夷陵の戦いは、孫・劉両勢力の荊州争奪をめぐる３度目の衝突で、これが両軍兵戈を交える最後の機会でもあった。

221年（蜀・章武元年７月)、劉備は関羽が殺されたのを怒り、また荊州を奪回するために、諸葛亮や趙雲らの反対を一切聞かず、自ら10万の大軍を率いて東征に出た。白帝城を大本営とし、三峡にそって進み、先鋒の兵力は４万余であった。

孫権側は劉備の大軍が来襲してくるのを知ると、急ぎ抵抗の態勢をしき、戦略上２つの大きな手をうった。まず、魏の曹丕が南下し、両面に敵を受けるのを防ぐために、８月使者を派遣して曹丕に臣従を誓った。その一方で、長江の両岸にそって精兵を配置した。すなわち陸遜を大都督として、朱然・潘璋《はんしょう》・孫桓《そんかん》ら５万の精鋭部隊を第一線となし、巫《ふ》県から夷陵に至る一帯を守り、敵に当らせた。諸葛瑾は公安（湖北省）に駐屯し、孫権は武昌に駐屯して後詰めとなった。これら３戦線の総兵力は10万以上にのぼった。

この年７月、蜀軍は進軍を開始し、水陸並び進み、呉軍の最前線の重鎮・巫県を攻め破り、長駆して秭帰《しき》に入った。陸遜は敵の鋭鋒を避けて退却する作戦をとり、三峡の険しい地点は劉備に譲り、わざと弱みを見せ、敵を深く誘い込んだ。その結果、蜀軍は三峡に５、６百里も深く入り、戦線は長くのびて兵勢は分散した。両軍は夷陵で対峙することになる。

222年（章武２年）２月、劉備はみずから軍を指揮して、第２段階の進攻を起こした。黄権を鎮北将軍として江北軍を督し、陸遜と夷陵で対峙させ、あわせて魏の軍の動きにも当らせた。陸遜はここでも撤退の戦法をとり、撤退しつつ隙あらば蜀の５つの陣営を殲滅することをもくろみ、また精鋭を夷陵の堅陣のなかに残した。劉備は江の南岸ぞいに進んだが、先鋒が夷道で阻まれたため、大軍を夷道の北、江北にある猇亭《おうてい》に留めた。

その後、劉備は様々な手を使って呉軍の誘い出しにかかったが、呉軍側は陸遜の決めた戦法に従い、堅守して動かなかった。劉備はやむなく水軍を陸上にあげ陣を布いたが、布陣は巫県、秭帰から夷陵まで６、７百里におよんだ。劉備はす

夷陵の戦いの関係図

でに押えた三峡ぞいの高地を守り、状況が変るのを待つことにしたのである。

同年（222年）閏6月、陸遜は東南風が峡谷に吹くのに乗じて、呉軍に一斉反攻を命じた。彼はまず火攻めの策を用いて蜀の水軍の陣営を焼き尽くし、優勢な兵力を結集して夷道における蜀軍の包囲を打ち破った。それにつづいて、部下を率いて涿郷《たくきよう》（湖北省枝城西北）、猇亭、馬鞍山（湖北省長陽南）で劉備と決戦し、数十の軍営を撃破し、数万の蜀軍を潰滅させた。劉備は主力が敗れたのを見て、慌てて秭帰、巫県に退いたが、途中で呉の孫桓の急襲を受け、兵器や糧秣を焼かれ、行き場を失って、やっとのことで白帝城に逃げ込んだ。劉備とともに峡谷に入った8万の軍勢は、全軍潰滅したのである。

63歳の劉備は、39歳の陸遜の手に惨敗を喫し、また25歳の孫桓にはあと一歩で捕えられるところであった。彼は激しい慚愧と後悔の念のなかで、まもなく病死した。臨終にあたり、彼は悲憤してこういった。「わしは陸遜に辱められた。これも天命というものだろう」（『三国志』巻58陸遜伝）。

夷陵の戦いは、221年7月に劉備が大軍を集め呉の討伐に出たところから始まり、翌年8月に呉軍が撤退するまで、前後15か月を費やした。これは三国期のなかで最も長い月日がかかった戦役であり、この結果、呉が勝ち蜀が敗れたのである。呉の名将·陸遜はこの一戦において、拮抗した戦力配置のなかから、徹底的に敵を打ち砕く手本を示してみせたのであった。

今日の夷陵

夷陵の戦いの主戦場となった猇亭は、今日の湖北省枝城県北の古老背《ころうはい》にある。歳月が移り行くなかで、当時の古戦場は今は活気ある地方の町へと姿を変え、戦争の痕跡はもはや探すことはできない。ただ、かの激しく流れ下る長江の水と高くそびえ立つ山峰だけが、かつて人々が刀を振りかざして戦い合った往時の物語を、無言で教えているのである。

夷陵《いりよう》の戦いと諸葛亮

劉備失意の死の遠因となった夷陵の戦いは、蜀漢にとって、結果論としていえば、大失策であった。ところが、この大事件について、『三国志』諸葛亮伝は、一切何も語らない。記事が221年4月の劉備即位から223年春の劉備の死まで、とんでいるのである。夷陵の戦いは、221年7月に出兵、222年6月までである。そのため夷陵の戦いについての諸葛亮の態度に憶測が生れる余地があるのだが、諸葛亮はこの戦いに反対だったけれども、諫めきれなかったというのが一般的な解釈であろう。しかし、これを諸葛亮の隆中対（俗にいう天下三分の計）を念頭において考えてみると、すこしちがった見方もできる。隆中対は天下再統一の壮大な戦略で、その核心的部分は、「用武の国」荊州、「天府の土」益州を領有し、荊州より1上将が南陽・洛陽を突き、劉備自身は益州より関中に赴く2方面作戦である。つまりこの戦略にとって荊州は不可欠の要素なのである。劉備があえて荊州に出兵したのは、関羽の死だけが原因ではない。この戦略に賭けた劉備にとって、これは必然の戦役であったのである。では劉備にその戦略を示した諸葛亮はどうであったろうか。

虢亭と長江

4　三国の戦略的要地――荊州と襄陽

荊州の争奪

三国時代の荊州は、戦略的価値がとても高かった。諸葛亮はいう、

荊州は北は漢・沔《べん》に拠り、利は南海を尽くし、東は呉会（江南）に連なり、西は巴蜀（四川）に通ず。これ用武の国なり。（『三国志』巻35諸葛亮伝）

魯粛はさらにいう、

それ荊楚は国（呉）と隣接し、水流は北に順《したが》い、外は江・漢を帯び、内は山陵に阻まれ、金城の固め有り。沃野は万里にして、士民は殷富《いんぷ》なり。もし拠りて之を有すれば、これ帝王たるの資なり。（『三国志』巻54魯粛伝）

荊州はこのように重要な地であり、当然その結果、曹・孫・劉3氏の争奪の的となるのである。

赤壁の戦いの前、3者にはそれぞれの思惑があった。劉備は荊州・益州を足場として天下三分を実現しようとし、孫権はまず劉表を討ち、西の巴蜀からさらに長江奥深くまで押え、曹操と対抗する南北対立の構図を作り出そうとした。他方、曹操は荊州を併呑し、孫権を降し、天下を統一することを考えていた。

208年、曹操が荊州に攻め入ると、劉《りゅう》琮《そう》は投降して襄陽《じょうよう》をそっくり差し出した。つづいて、曹操は長阪で劉備を大敗させ、軍を指揮してそのまま江陵を目指すと、江陵の水軍は全軍投降し、荊州全域は曹操の手中に落ちた。しかし赤壁の戦いで、孫・劉連合が曹操南下の勢いを挫き、その結果3者は荊州を分割することになった。曹操は南陽郡と江夏郡の北部から北を占め、襄陽に中心拠点を置いて連合軍の北上を阻んだ。孫権は南郡と江夏郡の南部を占拠し、長江にそう全域を押え、西の益州に進む道筋を開いた。劉備はといえば、長江の南の4郡、すなわち武陵、長沙、零陵、桂陽を手に入れ、自前の足場を確保して、三国鼎立にむかう第一歩を築いた。

211年1月、劉備は自分の支配地が長江の南部に偏り、勢力を伸ばすには不利であると考えた。そこで、京口（江蘇省鎮江市）の孫権のところに行き、荊州の南郡の地を借りたいと申し出る、1つの賭けにでた。周瑜は、土地を劉備に貸すことは虎を養って患《わざわ》いと為すに等しいといい、この機会に劉備を除くよう主張した。しかし孫権は、曹操が北にいて境域がまだ安定しない以上、できるだけ曹操

荊州の古楽「楚風」
荊州市博物館での上演風景。長江中流域の荊州（江陵）は、政治・文化の発達した場所にあたり、文人が多く集まった。ロマンの色彩豊かな楚国の楽舞は、王宮貴族が守り続けた雅楽と、生活情感に溢れた民間の音楽や舞が1つに溶けあい、感情を奔放に表現し、人の心をうつ華やかさをもった楽舞へと発展したものであり、その後の漢から唐の楽舞に大きな影響を与えた。漢代の皇帝はみずから楽舞の改革に乗り出すにあたり、積極的に楚風を取り入れ、それによって時代を画する芸術革命をもたらしたという。

に敵対する勢力が必要であると考え、やむなく長江の上流まで支配する計画を修正し、南郡（荊州）を劉備に貸した。当然この処置は曹操の不興を招いた。『三国志』「魯粛伝」には、孫権が南郡を劉備に貸与したことを聞いたとき、曹操はびっくりして、「方《まさ》に書を作《な》していて、筆を地に落」したと記す。借りがあれば当然返すのが道理。以後、孫と劉の双方は南郡の返還の時期とその方法をめぐって、複雑かつ錯綜した争いを繰り広げることとなる。

孫・劉両氏による荊州の争奪をめぐる最初の衝突は、214年に起こった。劉備は益州を奪った後、勢力が急激に膨張した。荊州は呉の上流にある。孫権は西が強く東が弱くなるのを恐れ、南郡をもどすように劉備に要求した。しかし劉備は、涼州（甘粛省南部一帯）を得た後に南郡を返すとの口実を盾に、返還を拒んだので、孫権は激怒し、長沙・零陵・桂陽の３郡を奪うべく兵を出した。これを関羽が追い返したため、つぎには呂蒙を出し、兵２万でこの３郡を奪い返すことを試みた。劉備はそれを聞くと、みずから５万の大軍を率いて長江を下り、公安（湖北省公安）に駐屯し、関羽に命じ、兵を率いて江陵から益陽（湖南省益陽市）に向かわせた。双方全力で戦いの場に赴き、一触即発のところまでいった。

しかしちょうどその時、曹操が漢中に軍を進めてきたため、劉備は益州が危なくなるのを恐れ、孫権に使者を出して講和を求めた。その結果、双方和約を結び、荊州を分割することになった。すなわち

荊州を借る

赤壁の戦いで曹操の荊州進出を阻んだあと、孫権がその荊州を拠点をもたない劉備に貸した、という説がある。赤壁の戦いの後、空席となった荊州の長官の地位は、亡き劉表の長男劉《りゅう》琦《き》を経て劉備のものとなったが、たしかにこの時、孫権が劉備に荊州を貸したという記事が『三国志』にはっきりあらわれる。ただしそれは孫権や周瑜・魯粛が関係する記事のなかでである。では、貸したという孫権はほんとうに荊州の持ち主であったのか。そこで問題になるのは、赤壁の戦いの真の勝者は誰かということである。赤壁の戦いは荊州をめぐる争いであり、荊州はこの戦役の戦利品であるからである。それで思い起されるのは、『三国志』での赤壁の戦いの記事で、周瑜伝の黄蓋《こうがい》火船の計に代表されるように、孫権側のがもっともくわしく、しかも戦勝の功は孫権側にあるように書かれている。こう考えると、荊州の貸し借り問題は、史実がどうかとは別に、じつは赤壁の戦いの当事者どうしの意識の差や、歴史を記録する側の歴史認識からでたものといえるだろう。

長沙・江夏・桂陽の３郡は呉のものとし、南郡・零陵・武陵の３郡は劉備に帰した。孫権は奪い取った零陵郡をもどすことになり、心中大いに不満であった。しかし劉備の方はこう考えた。荊州南部全体を半分に分けたことは、長沙と桂陽の両郡を孫権の南郡と交換したことに等しい。江陵は長江北岸に位置し、昔からの交通の要衝の地であり、その念願の江陵領有が正式に認められたわけで、これで問題は解決した、と。これをうけ、両軍はしばらくは矛を収めることになった。

両勢力が荊州争奪をめぐって２度目に衝突したのは、219年であった。劉備は益州を取ると、荊州の鎮守を関羽にまかせた。関羽は知勇兼備、武芸絶倫の男であった。彼は江陵の地で睨みをきかせ、強力な兵力でもって、孫権に長らく手を出させなかった。建安24（219）年３月、劉備は曹操を破り、漢中（陝西省漢中市）・上庸（湖北省竹山）の両地を奪った。

劉備の漢中での軍事行動に呼応して、関羽が大軍を率い江陵から曹操を討つべく北上した。彼は曹操が遣わした于禁《うきん》を捕え、龐徳《ほうとく》を斬り、その援軍の七軍を水攻めにし、襄陽を威圧した。孫権は、関羽がこのように急速に勢力を広げるのを阻《はば》み、力の均衡を保つために、江陵の兵力が北上した隙を突いて、呂蒙《りょもう》を遣わして江陵、公安を奪わせ、関羽の背後を攻め退路を断つ作戦を展開した。関羽は腹背に敵をうけて麦城（湖北省当陽）に敗走し、ついに捕えられて殺された。このようにして、孫権は南郡を奪回したばかりか、さらには劉備の荊州における全地盤

河南省南陽の漢・宛《えん》城址

湖北省荊州（江陵）城の古城壁

▶三国期の荊州は資源が豊富で、軍閥たちが奪い合いをした土地である。なかでも荊州（江陵）城と襄陽城が最も重要な戦略上の拠点で、魏・呉・蜀の三国はここをめぐって幾度も争奪戦を繰り広げたのである。

襄陽城外の古戦場遺跡と漢水

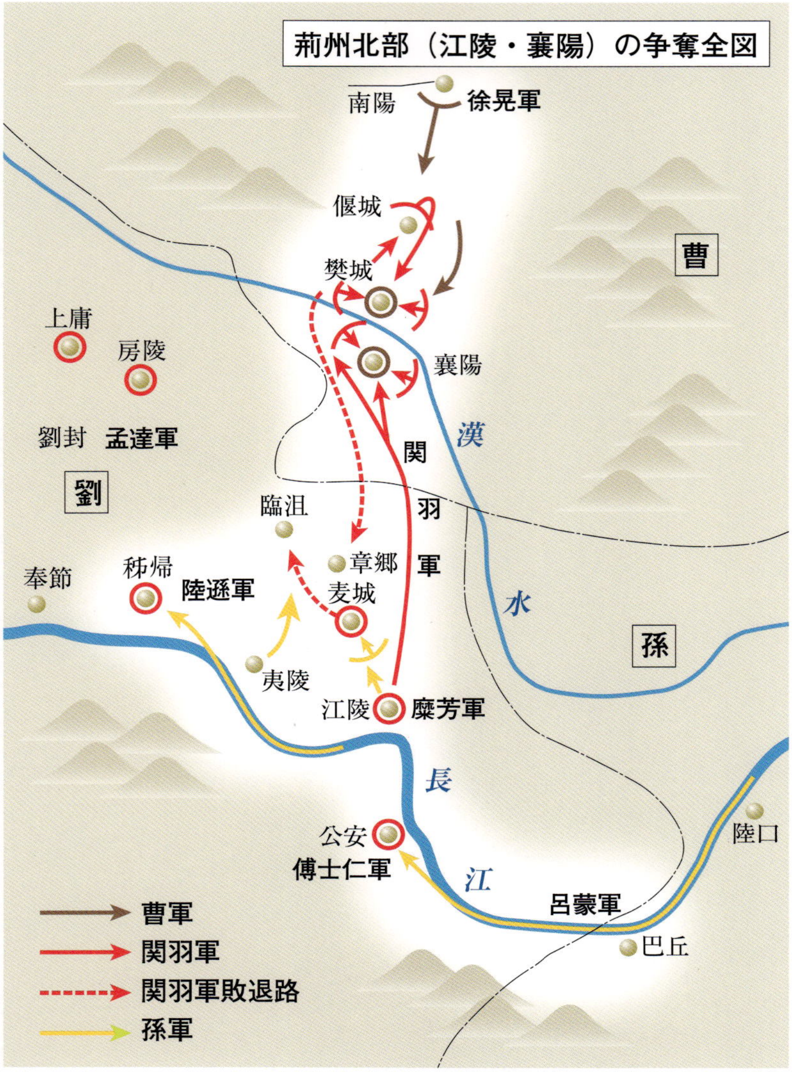

を奪い取ったのである。

そしてこの結果が、荊州をめぐる最後にして最大の争い、夷《い》陵《りょう》の戦いとなることは先に述べたとおりである。それはともあれ、以後三国時代の終りまで、荊州は一貫して呉に占有されることになる。

襄陽の争奪

三国時代、荊州は魏・蜀・呉の三方からの攻防の要地とされたが、争奪の焦点は襄陽にあった。襄陽は鄂北《がくほく》（湖北省北部）の要衝で、漢水を隔てて北側の樊《はん》城と向かい合い、合わせて“襄樊”と呼ばれる。交通についていうと、陸路襄陽から北へ進むと、新野・南陽を経て、都の洛陽に達することができ、南へ向かうと、江陵・長沙を経て、広州、交州（現ハノイ）に達することができる。これが南北を貫く主要交通路である。水路でいえば、襄陽から漢水にそって西へ行くと、漢中に入る。漢水を南下すると、夏口（漢口）に達する。これが陝（陝西省）と鄂（湖北省）とを水路で結ぶ主要な交通動脈である。軍事面でいえば、この地は東の桐柏山と西の武当山の間に位置し、外には宛（南陽）・洛（洛陽）に対する防波堤となり、内では江陵を牽制する、いわば荊州における北の大門たる立地条件にあった。

208年、曹操は万全の準備を整えると、突如大軍を動かして南下し、一路襄陽を目指した。ちょうどこの時劉表は死に、あとを継いだ息子の劉琮が戦わずして降った。樊城を守備していた劉備は突然のことで防ぎようがなく、やむなく南へ撤退し、夏口へ逃れた。曹操は襄陽を占領すると、ついで江陵を目指して南下を命じ、長江の北岸まで兵を進めた。これが赤壁の戦いの発端となるのである。

赤壁の戦いで曹操は大敗し、江陵から退いたが、精兵を襄陽に留め、孫・劉軍の北上を阻んだ。以後三国の時代をつうじて、襄陽は東の合肥、西の漢中と並んで、魏と呉・蜀とが戦った三大戦略拠点の1つでありつづけた。この時期、襄陽で起こった最も有名な戦役が、関羽の北伐の戦いであったことはいうまでもない。219年、関羽は江陵から大軍を率いて北上し、襄陽を攻め、龐徳を斬り、于禁を捕え、曹仁を囲み、曹操の七軍を水浸しにした。中原はこのために一時動揺をきたし、曹操は許昌から都を遷し、その鋭鋒を避けようとまで思ったほどである。のち孫権が出兵して関羽の退路を断ち、これを殺したことによって、曹操はやっと愁《しゅう》眉《び》を開いたのであった。

襄陽城は現在なお、すべてを煉瓦で築いた城壁と幅の広い護城河（外堀）を残している。三国時の襄陽城の城壁は土（版築）で築かれ、護城河も現在のように広くはなかった。その後の王朝の交代や戦争形態の変化にともなって、襄陽の城壁はしだいに高く、土城壁から煉瓦城壁へと変った。城門も、真っすぐに出入りする一重の門から、城門防御の小城（月城・子城）を造り、兵士が詰める瓮城《おうじよう》門へと改まった。護城河もたえず深く広く拡張されてきた。宋元時代には、護城河の平均幅は180mにも達し、最も広い所で200mを越えたという。これは中国で現存する最も広い護城河である。

襄陽城全体はややゆがんだ長方形をし、北側は漢水に臨み、堤防の上に城壁が築かれている。東・西・南の3面には、城門の外に子城（月城）が築かれ、子城の周りには堀があり、護城河の水と繋がっている。子城には2つの橋がある。1つは主城門と子城門とを結ぶ、上げ下げが可能な跳ね橋である。もう1つは子城と

襄陽古城の臨漢門（北門）上の楼閣

襄陽古城の臨漢門

護城河の外側の道との間にかかり、これも跳ね橋である。これらは、子城と襄陽城に行くのに必ず通る要路であった。子城の内部には、敵の動静を窺うための、“敵台”と呼ばれる2つの高台が築かれている。この他に、城の西の護城河と漢水とが交わるところに、土城が1つあるが、これは主城とあい補いつつ、城の西北の守りを強化する役割を負っている。

襄陽城を囲む護城河
中国都城中随一の規模を誇る外堀であったことを彷彿させる。

護城河の水位を調節するために、檀渓《だんけい》水を護城河に引き入れる水路が通じ、堰《せき》によって流入する水を調節する。また城の東北には排水のための堰が造られ、護城河の水位が高かったり大雨が降った時には、これを開けて漢水に放流する。この２つの堰の開閉によって、護城河の水位がほぼ一定に保たれているのである。

以上、襄陽城は構造が厳密で、守りが堅くできており、守るに易く攻めるに難い城であることがわかるだろう。それゆえここは“鉄でできた襄陽城”とも呼ばれた。そのことを裏付けるように、歴史上、襄陽の軍民が数年間も城を堅守した例は少なくない。例えば南北朝の時、前秦の苻堅《ふけん》が襄陽を攻めたが、東晋の梁州刺史・朱序はここを３年間堅守しつづけた。宋末元初には、モンゴルの大軍が襄陽を包囲したが、襄陽の軍民は堅守すること５年におよんだ。三国時代、関羽が大軍をもって襄陽を包囲した時、魏の守将・曹仁も襄陽城の防御体制を頼みとしてよく守りとおし、最後に援軍の到来を待って苦境を脱したのであった。

荊州は地勢上の重要性から、三国時代各国間の紛争の原因となったが、襄陽は荊州の首府であり、かつ特別な位置を占めることから、とりわけ争奪の対象となった。したがって手に汗握る多くの物語は、この江陵と襄陽という２つの土地をめぐって繰り広げられたのである。

第3部　三国の都城と険要の地

三国時代、天下が三分したため、各国はみな自分の都城をもち、その上政治上あるいは軍事上の事情から、何度も都城を移した。一方、三国時代は戦いが頻繁に行われたため、険要の地点は戦略上の要地となり、群雄たちが奪いあう対象となった。第3部ではこの三国の都城と険要の地を取り上げる。

1　江淮を呑吐する教弩台

北は淮水、南は長江の間にあり、東淝《ひ》水と南淝水が合流するところに位置する安徽省の省都・合肥《ごうひ》《がっぴ》、ここは三国時代には、魏と呉の長い境界線上で最も重要な東部の要地であり、多くの遺跡を残している。

教弩台と鉄仏寺

『合肥県志』によると、呉を征するために軍を率いて南下した曹操は、ここで兵を留め呉軍と対峙した。北方の兵士の、水上戦に不慣れという弱点を克服するため、曹操は合肥に高台を築き、強弩の射手500人を訓練して、孫権の水軍に対抗させることにした。後世これを“教弩《きょうど》台《だい》”とか“曹操点将台”と呼んだ。

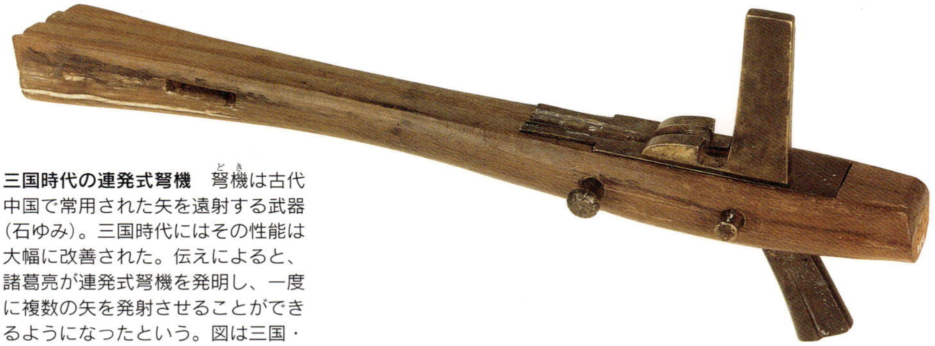

三国時代の連発式弩機　弩機《どき》は古代中国で常用された矢を遠射する武器（石ゆみ）。三国時代にはその性能は大幅に改善された。伝えによると、諸葛亮が連発式弩機を発明し、一度に複数の矢を発射させることができるようになったという。図は三国・呉の黄武元（222）年銘のもの。

その後歴代の改修を経て、今日教弩台の高さは5m、面積は4000㎡近くある。台上には一つの井戸がある。井戸の汲み取り口は周りの建物の屋根より高いため、“屋上井（天井井戸）”と呼ばれる。その水はよく澄んでおいしく、四季を通じて尽きることがない。長年縁に縄を掛けて水を汲んできたため、井戸の石の縁には幾筋もの溝跡が残っている。縁の表面には「晋泰始四年、殿中司馬夏侯勝造」の文字が刻まれている。曹操の父はもと夏侯氏の出という。晋の泰始4（268）年に夏侯勝がこの井戸を造ったのは、同族の先祖を記念するためであったのだろう。昔は台上に登ると、合肥古城全体を一望することができた。先人の旅遊の詩に、

登り臨めば楚予を収め
呑吐《どんと》すれば江淮を尽くす

とあるのは、古教弩台の雰囲気をよく伝えている。

(右) 安徽省合肥の教弩台
史書によると、曹操はここで強弩射撃手の訓練して、呉攻撃の手筈を整えた。

合肥教弩台の三国時代の古井戸

安徽省合肥新城址中景

　南朝の時、梁の武帝は仏教に傾倒し、教弩台の上に“鉄仏寺”を建てたが、唐代に明教寺と改められ、清代半ばに戦火で壊され、太平天国の時に復興された。現在は寺の門上に、中国仏教協会会長・趙樸初《ちようぼくしよ》居士（2000年に逝去）が書いた“古教弩台”の扁額が掲げられている。字体は古風で力強さを帯びている。

聴松閣

　井戸の南側、寺の脇に、聴松閣がある。あたりには昔に植えられた多くの松の木

があり、日の光を遮っている。この下でかつて曹操の強《きよう》弩《ど》手《しゆ》が休み、涼を取ったと伝えられる。“教弩の松蔭”は古城八景の1つに数えられ、林のなかの小道をそぞろ歩けば、松の間を吹き抜ける風の音が聴こえ、懐古の想いにとらわれる。

合肥城

曹氏の魏と孫氏の呉が激しく戦った当時、合肥城はしばしば呉に包囲された。233年曹魏の揚州都督・征武将軍の満寵《まんちよう》は、旧城を棄て、南淝水の北岸山麓に新城を築き、“合肥新城”と名づけた。以後20年間、呉はたびたび新城を攻め、攻撃は激烈を極めた。234年には呉の孫権が10万の大軍を率いて2度にわたって城を攻め、魏の明帝・曹叡《そうえい》も自ら大軍を率いて合肥の救援に赴いた。この時呉軍は兵士の多くが病にかかったため、城を落せないまま退却した。また252年には呉の太傅《たいふ》・諸葛恪《しよかつかく》は20万の兵を率いて再び城を攻撃した。魏軍の城を守るものわずかに3千人だけであったが、死守して降らず、90日余りを持ちこたえ、呉軍は将兵の被害大きく、ついに撤退した。280年になって呉が滅亡すると、合肥新城は廃され、旧城の場所にもどることになった。

合肥

三国の戦いは、諸葛亮の北伐、つまり蜀漢と魏の関隴《かんろう》の争奪だけが世人の注目を浴びがちであるが、魏・呉の戦いにも激烈なものがあり、とくに両者の衝突は合肥でしばしばみられた。張遼が威名をはせた逍遥津の一戦や合肥新城の建設、呂蒙による濡須塢《じゆしゆう》の設置も、このような事情と関係がある。このように合肥が激戦地であったのは、当時の南北交通路と合肥の地理的な位置が関係している。魏の中心地・許昌あるいは洛陽から南方へは、潁水《えいすい》に沿って東南に進み、淮水《わいすい》との合流点に出る。そこに重鎮・寿春（今の淮南）がある。寿春には古代の大潅漑池・芍陂《しやくひ》があり、魏の対呉戦線の補給基地でもあった。一方、呉の建業から長江を北へ渡る渡江地点は、古来采石磯《さいせきき》を第一とする。ここは建業の西南にあたり、近辺には陸遜《りくそん》が督農校尉として山越の兵民をひきいた蕪湖《ぶこ》屯田や、呉の二大屯田の1つである皖《かん》屯田があり、呉の戦略拠点であった。そして寿春と采石をむすぶ線上に位置するのが合肥だったのである。

逍遥津公園

合肥の市街から西に15km行くと、昔の“新城”の場所に出る。緑に覆われた田野のなかに、1800年ほど前に築かれた城壁の輪郭を、今なおはっきりと見ることができる。10以上の高く土を盛り上げた高台が連なって１つの長方形となっている。当時の“新城”がこれであり、南北330m、東西210mある。この城址中から、かつて魏軍が城を守るために用いた鉄撞車《てつどうしゃ》（城攻めで、敵が使う高梯をつぶすための鉄製の撞《つ》き車）の先や鉄の釘と鏃《やじり》などが出土し、戦いが幾度もかつ激烈になされたことを想像させる。紋様が押された板切れや筒瓦、煉瓦の残片が地表のそこかしこに見られるが、1800年近くの永い歳月、風雪にさらされ、土砂に削られ、もとの図柄はもはや薄れてしまっている。

張遼、大いに逍遥津に戦う

合肥市街の東北の隅に逍遥津《しょうようしん》がある。

「張遼、大いに逍遥津に戦う」(『三国志演義』67回)の故事はここで生れた。214年、孫権は10万の大軍をもって合肥を攻めた。城を守る魏将・張遼にはわずか7千の兵があるだけで、形勢は極めて不利であった。張遼は孫権側の布陣がまだ固まっていないのに乗じて、夜陰に800人の勇士を率いて城を出、呉の陣営に奇襲をかけ、大混乱に陥れた。やがて孫権は軍を撤収して、この逍遥津までくると、張遼が精兵を率いて後ろから迫り、他方、配下のものを先回りさせて津にかかる橋を切り落させた。進退窮まった孫権は、馬に鞭を入れ淝水を飛び越え、かろうじて窮地を脱することができたという。

この戦いの場面を『三国志演義』は、以下のように大袈裟に表現する。

> 江南の人々は震え上がり、張遼の名をきけば、幼児も夜泣きしないほどであった。(67回)

昔日の英雄の跡はもはやないが、故事伝説だけはなお生き生きと残されているのである。

今日の逍遥津、昔の淝水の渡し場にかかっていた橋は、早くに埋まってしまって今はなく、かつての場所に逍遥津公園ができている。そこには鏡のように静かに水をたたえた湖があり、湖のなかの小島には張遼の衣冠塚がある。湖岸の柳は風に揺れ、菖蒲の芽が水面から伸びている。湖西に広がる芝生の上には、新たに立てられた張遼像がある。張遼は馬のたづなを握り槍を横にかかえ、全身勇猛さがみなぎり、まさに決然と戦場に乗り出すかのごとくみえる。

合肥の張遼石像
「威は逍遥津を震わす」とある。

▶214年張遼は逍遥津で、7千の兵で10万の呉軍を破り、自身の名声をあげるとともに、逍遥津の名を後世に伝えしめた。

定軍山麓の古戦場

2 定軍山

陝西省勉県城の南５kmのところに定軍山がある。12の峰が東西５kmにわたって連なる高い山並みであり、なかに東西２つの主峰がある。西側の主峰には、諸葛亮が兵を駐屯させた場所と伝えられる、１万人以上も収容できそうな鍋底形の窪地がある。山の麓には“古定軍山”という石碑が立つ。定軍山はもとは“走馬谷”といった。

『三国志』によると、215年（後漢・建安20年）、曹操は散関（大散関）から西南に進み、五斗米道《ごとべいどう》の張魯《ちょうろ》と陽平関において戦った。その結果、張魯は投降し、曹操は漢中を獲得した。この年の12月、曹操は南鄭（漢中）より北へ帰り、夏侯淵を征西将軍に任命して、張郃《ちょうこう》・徐晃らと漢中を鎮守させた。

これに対して219年の春、劉備は陽平

▶定軍山は地勢険しく、漢中盆地の西北の門戸にあたる。『三国志演義』は、老将・黄忠が曹操配下の大将・夏侯淵を斬ったことを載せ、この地を一層有名にした。

陝西省勉県定軍山

関から南に出て沔水《べんすい》を渡り、山ぞいに進んで定軍山に陣を布いた。夏侯淵がその地の奪回に来ると、劉備は黄忠《こうちゅう》に出撃を命じ、黄忠は夏侯淵を撃破し、夏侯淵や益州刺史・趙顒《ちょうぎょう》らを斬った。これこそが『三国志演義』が描くところの、77歳の老将黄忠が「逸を以て労を待ち」、敵の「倦怠」した隙に乗じて陣中に攻め入り、驕慢不遜の夏侯淵を一刀のもとに斬り伏せたという話である(71回)。

勉県陽平関跡

街亭の民家
諸葛亮は北方の統合のために、5回にわたり魏に向けて出兵したが、街《がい》亭《てい》は第1次北伐で魏軍と戦った場所。隴右《ろうゆう》と関中とを分ける境界線上の要衝の地である。

3　五丈原

——出師《すいし》未だ捷《か》たざるに身先《ま》ず死し、長く英雄をして涙、襟《えり》に満たしむ

228年から231年にかけて、諸葛亮は4度軍を率いて北上し魏を討っている。この4回の戦役は進軍路と攻撃目標が全く同じではないが、戦略の上では驚くべきことにすべて一致している。

隴右の重要性と蜀軍の戦略

4回の戦役に共通する目的は、魏の隴《ろう》右《ゆう》地方（甘粛省南部）を奪うことであった。隴右とは広くは隴山以西を指し、渭水平原と隴西高原の境界地帯のことである。兵法家は西北の形勢を論じる時、隴右の重要性をしきりに強調する。隴右は関中（陝西省）の上流にあり、その関中は中原

の上流に位置する。それゆえ天下を支配しようとするならば、まず隴右を取る必要がある、彼らはそう考えたのである。

実際、隴右は高原で地勢が高く、戦略上敵を俯瞰するという有利さを備えている。その上この一帯は、住民は尚武の気風をもち、資源も豊富である。しかも魏は祁山《きざん》（祁山は隴右の前線で、魏と蜀の境界に位置する。126頁コラム参照）を対蜀防衛の唯一の戦略拠点としていた。したがって、諸葛亮が５回魏へ出兵したうち、４回も祁山方面に出たのは、隴右地方のもつ地勢と資源の有利さを押さえようとしたからに他ならない。

一方、４回の戦役を、諸葛亮はもてる力を出し尽くして戦ったのではない。毎回動員した兵力は４万～８万程度であり、しかも交替で兵を出し、３分の１ないし３分の２の兵力は漢中の守りに残している。というのも、漢中は蜀の北伐における唯一の戦略基地であり、ここが魏軍に奪われると蜀軍は退路をすべて断たれることになるからである。

この他、山道は進軍が大変で、兵糧の運搬も困難であったため、この４回の戦役で諸葛亮がとった戦術は、行く先々の城や土地を奪い、人力や物資を自軍のためにあてる短期決戦であった。しかし魏軍は常に城塁中に堅く閉じこもるので、蜀軍は城下に駐兵しても補給がきかず、持ってきた食糧はわずかの間に尽き、結局撤兵を余儀なくされ、戦果もなく帰還することになったのである。

■蜀（諸葛亮）北伐一覧

回	年時	蜀の行動	魏の主将	備考（蜀）
1	228年１月～３月	祁山を攻め、魏と街亭に戦う	張郃	敗軍の責任で馬謖を斬る
2	228年12月	散関に出て、陳倉を包囲	郝昭	
3	229年春	武都・陰平を獲得	郭淮	
4	231年２月～６月	祁山を包囲	司馬懿·張郃	木牛の利用
5	234年２月～８月	10万の軍勢で斜谷から関中に出、五丈原に拠る	司馬懿	木牛・流馬の利用。８月諸葛亮の死去

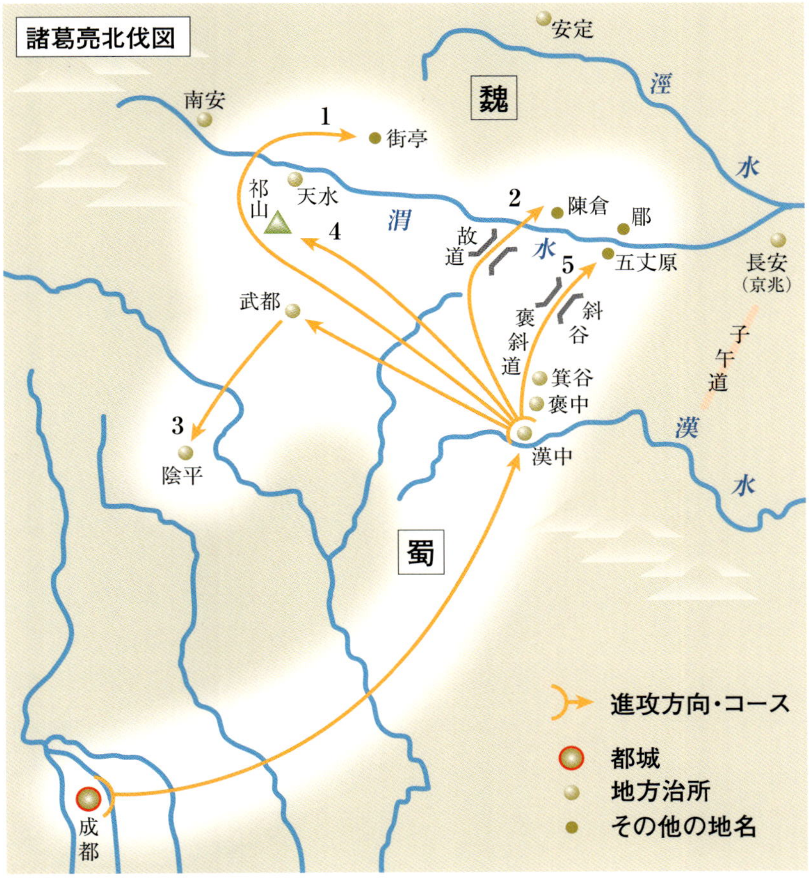

第５次北伐における戦略修正

４回の北伐の失敗を経て、234年諸葛亮は第５次の対魏討伐戦を発動するが、それにあたり戦略上、全面的な修正を行った。

まず作戦の目標を隴西から隴東にかえた。魏軍がすでに祁山や陳倉に堅固な城塁を築きあげている以上、もしまた隴西に進攻しても、前回までと同じ轍を踏むのは明らかだと、諸葛亮は判断した。そこで、まだ城塞が築かれず、長安からも比較的近い斜谷《やこく》を進軍路に決め、斜谷を出て関中に入り、魏軍と決戦しようと考えた。

次に、作戦基地を漢中から隴西の祁山と天水に換えた。この年２月、諸葛亮は漢中の全兵力10万を出動させ、３方向から大挙して魏に攻め入った。第５次北伐はここに始ったのである。

東路は褒斜道《ほうやどう》より直接関中を突く。中路は故道を経由して陳倉・雍城（陝西省鳳翔）を攻める。西路は隴右を迂回して祁山・天水に進攻する。このうち東路の軍が主力をなし、諸葛亮によって率いられていた。その東路軍が魏の主力を足止めし、中・西両路軍が合同で隴右を奪い取り、その上で渭水を前線への物資輸送路として、隴西の豊富な資源を運び、蜀軍主力の戦力を強化するようにと構想されたのである。

また作戦が短期決戦から持久戦に換えられた。諸葛亮は前の４回の戦役の失敗から、食糧が北伐続行の支えであることを学び取り、この教訓を生かして、兵を休ませつつ、経済力や軍事力を蓄えようとした。来るべき作戦に必要な兵糧を確保するために、彼は斜谷に倉庫を建て、また“木牛”を改良し“流馬”を発明した。このようにして、諸葛亮は戦場となるはずの場所にかなりの兵糧が備蓄できるようにする一方、“木牛・流馬”という先進の輸送道具を用意し、来るべき作戦の有効な補給手段としたのである。兵が斜谷を出、戦端が開かれた後、諸葛亮は以前のような城や土地を略奪する作戦はとらなかった。彼は五丈原に駐屯して、兵士を土地に住まわせ、屯田によって穀物を蓄え、長期持久戦をつづける覚悟であった。

祁山《きざん》

魏・呉・蜀三国が鼎立する形勢ができあがるなかで、魏側の防衛と攻勢のポイントとして浮上するのが、東の合肥、中間の襄陽と並んで西の祁山。ここは四川東部を流れる嘉陵《かりょう》江《こう》の支流、西漢水の最上流の東側、今日の甘粛省西和県の域内にある。東の秦嶺、北の六盤山（隴山）、西の岷山《びんざん》という峨々たる山並みにはさまれて高原が広がり、その中心に小高い山がある。これが祁山であり、山上に当時堅固な城塞が築かれていた。四川から西漢水にそってここに出ると、天水は指呼の間となる、いわば四川と関中（長安一帯）、涼州（甘粛中心部）とを結ぶ裏街道であった。有名な麦積山《ばくせきさん》石窟も近い。また一帯には１万戸にものぼる住民がいたという。諸葛孔明はここを関中と涼州への突破口にと考えたわけだが、その前提には当地の住民の存在と長期戦を支える一定の豊かさがあった。だが結局落とすことはできず、戦略は変更を迫られたばかりか、一転魏の蜀への反攻の起点にさせてしまった。かりに祁山が蜀側に入っていれば、事態は大きく変わったはずであり、それだけ祁山の位置は大きかった。

祁山堡遠望

五丈原、諸葛亮本陣跡

木牛流馬

『三国志演義』が誇張する諸葛亮の神技のひとつに、木牛流馬の発明がある。それは自動走行可能な木製の牛馬であるが、史実としては諸葛亮伝に、231年、第４次北伐で祁山《きざん》に出たときに木牛をもちい、234年、最後の北伐に褒斜道《ほうやどう》を通ったときに流馬をもちいたとあって、たしかに性能の異なる２種の運搬機械として、木牛と流馬は蜀漢にあった。その形、寸法、性能などは、『三国志』諸葛亮伝の注に引かれる『諸葛亮集』に「作木牛流馬法」として載せられているが、図がないので、肝心なところがよくわからない。後世この木牛流馬の復元がこころみられているが、もっとも一般的な考えは、それが一輪車であるという説である。ただし、同じ一輪車でも、引き手が前にある小型のものが木牛、後方から推すようになった大形のものが流馬という説もあるし、桟道の通行に適した特殊な外形と性能をもった独特の一輪車という説もある。しかし、「作木牛流馬法」には四足とか群行ということばがあるから、四輪や連結運行（一輪車では難しい）の可能性もあり、結局、木牛流馬の科学的な解明は、考古学などに期待しながら、将来をまつほかはなさそうである。

木牛流馬（山東省臨沂県）
農民の運搬用一輪車。一輪の運搬車は今日でも中国北方で使用されており、諸葛亮の木牛流馬もこのようなものであったといわれている。

司馬懿像（『三才図会』）

この諸葛亮の戦略配置の変更は、魏軍を統帥する司馬懿《しばい》のほぼ予測するところであった。彼は河北・冀州《きしゅう》の農民を関中と隴西に移し、荒れ地を開墾させ、水利を治め、生産を向上させ、長期にわたる対蜀作戦を継続するための補給態勢を準備した。

5回目の戦役がはじまった。渭水の北に軍を構えていた司馬懿は、諸葛亮が斜谷を越えたことを知ると、郿《び》県に軍を進めた。彼は、蜀軍が渭南を奪い、渭水ぞいに東に向かうものと判断して、前もって渭水の南岸に赴き、背水の防御の体制を敷き、蜀軍が東に進む道筋を断ち切ったのである。司馬懿は武将たちにいった。「諸葛亮がもし武功の地に出て（つまり渭水の北岸に渡り）、山ぞいに東に向かうとするならば大変なことになる。しかし西の五丈原に拠るならば、諸君は戦いをせずにすむであろう」と。

ほどなくして、諸葛亮の大軍は予想し

陝西省岐山五丈原

五丈原上からみた渭水の流域

たとおり五丈原を占拠した。魏軍の将士はみな喜んだが、揚武将軍の郭淮《かくわい》は別の考え方をした。諸葛亮の五丈原を押さえるというこの行動には、もっと遠大な戦略的意図が隠されているのではないか。その本当の意図は、五丈原以西の陳倉・祁山・天水などの土地を確保し、対魏長期戦をつづけるために後方陣地を広げることにある、と。郭淮は、諸葛亮は必ず北原（渭水北岸の段丘上）を取りにくると判断し、司馬懿の了解のもと、軍を率いて北原を先に固めてしまった。

諸葛亮軍は斜谷を出たのち、東進はできず、北攻も阻まれた。そこで五丈原に営塁を築いて守りを固める一方、兵士に屯田を命じ持久戦の準備に入った。

両軍はあい対峙した。双方の統帥に求められたのは、忍耐と知謀、時機をじっと待ち、敵の弱みを探って攻撃をしかけ、それによって行き詰まりを打破することであった。諸葛亮は辛抱強く、知謀も司馬懿をはるかに凌いでいた。しかし不幸にも寿命が彼に味方しなかった。司馬懿と100日余りも厳しい対峙をつづけるなかで、諸葛亮は多忙で食事もとらず、疲労が重なり病いを得、秋風瑟瑟《しつしつ》たる８月（旧暦）、五丈原に没した。

五丈原の役は、諸葛亮の一生のなかで一番重い意味をもち、最も心血を注いだ戦役であった。そしてまた蜀魏両国の命運にかかわる空前の大作戦でもあった。だが天は人の願いを容れず、武侯・諸葛亮は逝去し、作戦は頓挫した。後世の人はこのことに話がおよぶと、決まって切歯扼腕してため息をつく。唐代の詩人・杜甫は「蜀相」詩でこう詠う。

出師《すいし》、未だ捷《か》たざるに身先ず死し
長く英雄をして涙、襟に満たしむ。

五丈原、諸葛亮廟（武候祠）の山門

五丈原の遺跡

五丈原は陝西省岐山県高店鎮にある。背後には棋盤《きばん》山があり、前面の下方に渭水が流れ、３方が切り立ち、守るは易く攻めるは難しい地形である。最も幅の狭いところがわずか５丈（12～15m）であったことから、五丈原の名がついたという。諸葛亮のいる中軍の幕営はこの狭い場所に置かれ、豁落《かつらく》城と呼ばれた。その遺跡はまだ残り、五丈原の入口には北宋代に建てられた武侯祠があって、関興《かんこう》・張苞《ちょうほう》・姜《きょう》維《い》・楊儀《ようぎ》という蜀の文臣武将が配祀されている。1000年以上も、当地の人々は毎年の供養、礼拝を欠かしていない。

剣閣翠雲廊《すいうんろう》の張飛柏
古蜀道は剣閣を起点として、南は閬《ろう》中《ちゅう》に至り、南西は梓潼《しどう》に至る。150kmにおよぶ街道ぞいに、古木が鬱蒼と茂り、その間を行く人々は、まるで柏の葉が作り出す緑蔭のトンネルを進むかの思いをもつ。伝説では、これらの柏樹は張飛が閬中を守っていたとき、行軍の便を考えて部下に植えさせたものという。それゆえ“張飛柏”の名がついた。

4 雄関高閣、壮英の風

剣門関は四川省剣閣県にある。『剣州志』の「切り立った断崖、天に突き出た山峰は剣鋒のごとし……」といった表現は、剣門関の険しさをうかがわせるのに十分である。剣門関はその険しさで知られるだけでなく、諸葛亮や姜維との関連で名を馳せたのである。

剣門関の要害

諸葛亮は、四川で劉備を助け蜀政権を樹立するにあたり、剣門が蜀に入る要衝であると考えた。そこで221年、初めてここを押える軍事責任者と部署をおいた。『剣州志』はいう、「諸葛亮は蜀の宰相となると、断崖を穿《うが》ち外に張り出した飛梁《ひりよう》閣道《かくどう》（かけはし）を造って、通行の便をはかり、山の切れた所に剣門関を設けた」と。剣門関は剣閣道上の重要な関所であり、攻めたり立て籠ったりするのにうってつけの場所で、まさに、「一夫《いつぷ》関に当れば、万夫《ばんぷ》も開くなし」（李白「蜀道難」）であった。

剣門関の頂峰

（右頁）四川省剣門関

▶剣門関は成都に通ずる門戸であり、群雄が争った地である。

剣門関地図（民国・剣閣県続志より）

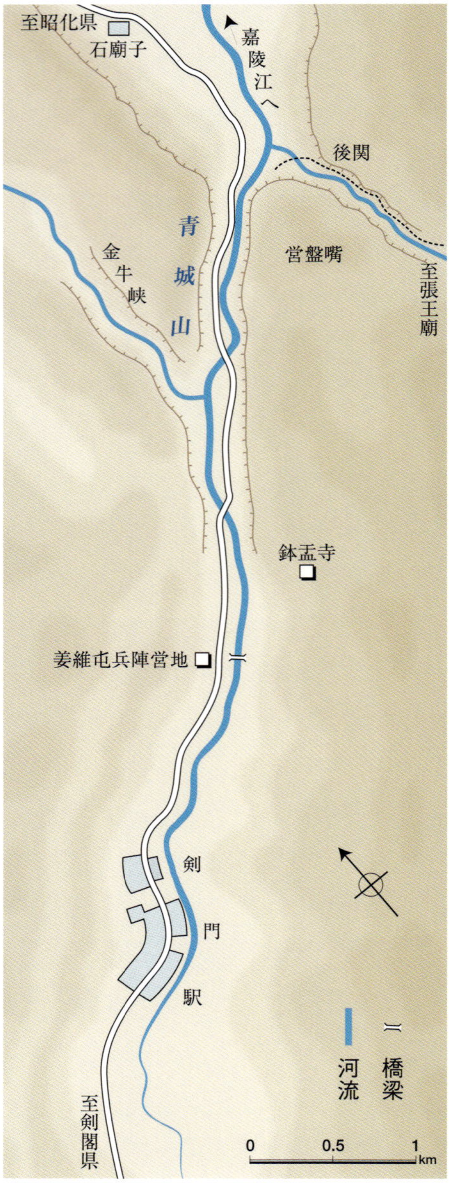

昔、絶壁の上方にも桟道《さんどう》があり、途中に関門が設けられ、頂上には３重の望楼があった。関門が一旦閉められると、たとえ翼を身につけても越えられなかった。詩人の李白は、

剣壁門高五千尺
石もて楼閣を為《つく》りて九天に開く
（「上皇西巡南京歌」）

と形容している。諸葛亮のこの措置が、その後の幾度もの北伐において道路として役立ち、また蜀の末期には、姜維らが沓中《とうちゅう》・陰平から剣閣（剣門関）に来て立て籠り、魏の鍾会《しょうかい》に頑強な抵抗を試みる条件を作り出すことになったのであった。

姜維が督戦した剣門関

剣門関は成都に通ずる入口であり、古来群雄が争奪を繰り返した場所である。

三国期、ここでは大小50数回の戦闘が起きたが、背後から関を破られたのが２回、正面から関を破られたのは１回だけである。

263年、魏の将軍・鍾会と鄧艾《とうがい》が10数万の大軍を率いて蜀に出征した。姜維は後主・劉禅に建議し、時を同じくして張翼・廖《りょう》化《か》を派遣し、諸軍を督励して陽安関の口と陰平・橋頭を守らせ、もって魏に対抗する態勢を早く築くべしと主張したが、宦官・黄皓《こうこう》の讒言を信じた劉禅は、姜維のこの建議を受け入れず、蜀軍をいよいよ不利な状況へと追い込んでいくことになる。姜維はわずか３万の軍勢を従えて剣門関に退き、大小剣山の関所・後関門・大吊崖《だいちょうがい》・寨岩口《さいがんこう》・小吊崖などに兵を配して死守した。こうして主力の鍾会10万の精鋭は雄関たる剣門関を前に、手も足も出せず、双方の対峙は３か月にも及んだのであった。後世、人々は姜維を記念してここを“営盤嘴《えいばんし》”と呼び、“姜維城”とも呼んだ。後に建てられた姜維廟は、今日その遺跡がまだ残っている。

魏軍の蜀進攻図

剣門関の古戦場跡

自然が美しく、人々の気風が純朴な剣

姜維像（四川省成都武侯祠内）

四川省剣閣の姜維墓

（左）剣門関下の姜維が屯兵した所

門関には、多くの三国の故事が語り継がれてきている。土地の老人の話によると、剣門関の入口の峡谷に現在もなお“砍刀《かんとう》石《せき》”が見られる。魏の鄧艾軍が陰平を奪い、綿竹を破り、成都を制圧した後、後主・劉禅は剣門関を守る将士たちに投降を命じた。それを聞いた姜維ら３万の将士たちは、怒りの余り刀を抜いて石に切りつけた。この傷はその時できたものであるという。

人々の心を最も高ぶらせるものは、諸葛亮が残したという“天書”である。伝えでは、諸葛亮は臨終にあたり、“天書”を姜維に渡し、全権を任せた。劉禅が魏に投降すると、姜維は“天書”が敵の手に落ちるのを心配して、箱のなかに入れ、縄をかけて後門関の出口の西側山腹のある洞穴に降ろした。その後多くの人がそれを手に入れようとしたが、誰一人として成功していない。現在でもまだ果たした者はいない。“天書の箱”とは一体どのようなものであったのだろうか。

▶姜維は諸葛亮から最も高く評価され、その後継者として、彼１人で蜀末期の軍政を取り仕切った。263年、魏の将軍・鍾会が10万を越える大軍を率いて蜀の討伐に出てくると、姜維は３万の軍勢で剣閣に拠り、魏軍と数か月にわたって対峙し、その侵入を阻んだ。しかし最後は後主・劉禅が魏に降伏してしまったため、姜維はやむなく放棄し、抵抗はむなしく終った。

諸葛亮の兵書匣《こう》

三峡にそそりたつ断崖絶壁の高みに、小さな洞窟らしいものがあり、なかに箱のようなものが収められているといわれる。それはひとの手の届かぬように置かれた、諸葛亮の兵書をいれた箱であると信じられていた。その近くに剣に似た岩もあることから、そこは兵書宝剣峡とよばれる名所である。しかし、じつはそれは懸棺墓《けんかんぼ》とよばれる墓であった。懸棺墓というのは、長江流域や華南から東南アジアにかけてみられる特別な墓で、簡単には登れそうもない断崖中腹の自然や人工の洞窟に棺をおさめてある。そのおさめかたや棺の形は地域によってさまざまで、断崖に杭を突出してそれに棺をぶらさげる場合もあり、舟の形をした棺もある。その起源や時代は諸説あるが、遺物の調査では長江流域のものは戦国から秦漢にかけてであるらしく、その習俗は古越族、濮《ぼく》族、苗族のものなどといわれる。三峡一帯に、三国時代には武陵蛮とよばれる民族がいて、夷陵の戦いに劉備が白眉で知られる馬良を、その懐柔のために送ったことがあるが、彼らとの関係も考えられる不思議な習俗である。

伝説中の天書澗《てんしょかん》とされる場所

5　黄鶴楼

湖北省武昌（武漢市）の黄鶴楼《こうかくろう》は、湖南省岳陽の岳陽楼、江西省南昌の滕王閣《とうおうかく》とならんで三大名楼と称される。黄鶴楼は223年、すなわち三国呉の黄武2年に建てられたといわれるが、その場所は蛇山の西麓、黄鵠磯《こうこくき》の高み（今の長江大橋の先端あたり）にあった。鵠と鶴は古字では同じ意味で用いられ、黄鵠磯は黄鶴磯とも作る。唐の李吉甫《りきつぽ》の『元和郡県図志』（巻27、鄂州《がくしゅう》）によると、

黄武二年江夏（唐の鄂州）に城《きず》き、以て屯戍《とんじゅ》（兵士駐屯）の地を安んず。城の西は大江に臨み、西南の角に磯《きしべ》に因りて楼を為《つく》り、黄鶴楼と名づく

とある。かつての黄鶴楼は作戦防御の監視楼であった。最も早く黄鵠楼にまつわる神話伝説に言及したのは『南斉書』（巻15）で、南朝の斉・梁の時代、黄鶴（黄鵠）の伝説はすでに広く知られていたのである。

歴代ここを往来した多くの文人たちが、さまざまな優れた作品を残している。最も有名なものに、唐の崔顥《さいこう》の「黄鶴楼に題す」の詩がある。

昔人已《すで》に白雲に乗りて去り
此の地空しく余す　黄鶴楼
黄鶴一たび去って復た返らず
白雲千載　空しく悠々
晴川歴々たり　漢陽の樹
芳草萋萋《せいせい》たり　鸚鵡洲
日暮郷関　何れの処か是れなる
烟波《えんぱ》江上　人をして愁えしむ

この詩は情景を的確に描写し、気勢は広大にして無辺である。大詩人・李白はここに来て、崔顥の、

晴川歴々たり　漢陽の樹
芳草萋萋たり　鸚鵡洲

という句を見て、感慨に堪えずしていった、

眼前に景《けい》有るも道《い》うを得ず
崔顥の題詩、上頭に在ればなり、と。

（『唐才子伝』巻1、崔顥）

223年、呉は蛇山の麓に夏口城を築いた。かつて呉の大将・魯《ろ》粛《しゃく》がここに兵を屯したことから、山下の湾は後世“魯粛湾”と呼ばれた。湾の向かい側の亀山南麓には魯粛の墓がある。

岳陽楼
岳陽楼は洞庭湖の北岸にある。赤壁の戦いの後、周瑜が病死すると、魯粛があとを継いで軍を統率し、つねに洞庭一帯で水軍の訓練をした。

湖北省漢陽（武漢市）の魯粛湾
魯粛湾という名は、呉の将・魯粛がここで兵の訓練をしたことに由来する。

（右頁）黄鶴楼
呉が建てた当時、攻防監視を目的とした黄鶴楼は、今日は名勝古跡となっている。

6　昔日の覇業――魏の都城

後漢の都・洛陽は何度も兵火に遭い、激しく破壊された。魏・蜀・呉による天下三分の形勢が固まると、それぞれ都城を築くが、みな軍事・防御に主眼を置き、城壁を堅固にし、攻防に耐えられる造りにした。しかし帝王の宮殿になると、規模や華やかさで秦漢王室のものに遠く及ばない。まして美しい離宮などを造営する余力はなかった。これら都城のなかで、配置や構造が最も理想的とされるのが、曹魏の洛陽城と鄴《ぎょう》城であり、後代隋唐の都城の模範となったのである。

河南省許昌の曹魏故城遺址
後漢末年、曹操は漢の献帝を擁して自分の勢力範囲の許昌に至り、天子を戴いて諸侯に号令をかけた。

曹魏の都城の変遷

曹魏の都城は、時局の変化と曹氏の統一事業の発展に伴い、3回移動した。

後漢の都城はもとは洛陽にあったが、董卓が献帝を脅して洛陽から西の長安に遷した。そのさい洛陽付近の住民数十万も無理やり西へつれ去り、周囲数百里内の家屋を焼きはらったため、洛陽一帯は人煙もたたない無人の野となった。2年後、司徒の王允《おういん》と董卓《とうたく》の部将・呂布《りょふ》が謀って董卓を殺害した結果、長安は大混乱に陥り、巷では董卓の残党が互いに殺し合った。195年、献帝はその長安を脱出し、翌年洛陽にたどり着いた。その時の洛陽は一面破壊されたままの光景が広がり、「宮室は焼け尽き、百官は荊棘《けいきょく》（いばら）を披《ひら》き、牆壁《しょうへき》（土塀）の間に依」って居場所を作るありさまであった（『後漢書』巻9献帝紀）。

196年、曹操は政治の主導権を握るべく、軍を率いて洛陽に赴き、董卓の残党を追い払い、献帝を軍中に迎えた。洛陽の宮殿が荒れ果てていたため、献帝の身柄を彼が支配する潁川《えいせん》郡（河南省許《きよ》昌《しよう》）に移し、許昌を都とし「天子を挟《さしはさ》みて以て諸侯に令す」ることとなった。これは魏が最初に選んだ都城である。

200年、曹操は官渡にて袁紹を大破し、204年、袁氏の大本営の鄴城（河北省臨漳）を占拠した。彼は新たに手にいれたこの領土を固めるために、大々的に鄴城を造営し、ここを王城とした。これ以後、曹操の統治時代は一貫して鄴城が魏の政治の中心となったのである。

魏の文帝・曹丕は漢を奪うと、洛陽が占める政治上、戦略上の重要性に鑑み、また洛陽に都を遷した。こうして魏は、許昌､鄴城､洛陽と都城を遷したのである。

許都の故城址とその名勝

三国時代の許都、その故城址は今日の許昌市の東南、張潘郷付近の古城村にある。『許州志』によると、昔の許昌は内城と外城に分れていた。内城は皇城であり、周囲の長さ９里139歩（約5400m)、外城は内城の約４倍あった。この魏の故城の遺跡は今もなお多くが残されている。

春秋楼　許昌市の中心に位置し、関帝廟の本体の建物である。これには次のような話がある。下邳《かひ》の戦いの後、関羽と劉備の甘・糜《び》２夫人が曹操に捕えられた。曹操は関羽と劉備との義兄弟の仲を裂くために、関羽を甘・糜２夫人と同じ室に住まわせた。曹操の意図を察知した関羽は、自己の劉備への忠義をはっきりと見せるために、灯を手に夜を徹し、その灯火で『春秋』を読みふけり、疑いをもたれないようにした。曹操はやむなく、同じ屋敷を２つに仕切り、関羽と甘・糜２夫人とを別に住わせることにした（『三国志演義』25回)。すなわち後世いわれる春秋楼一宅二院である。元の至元年間（1335～1340）になって、春秋楼旧址上に関帝廟が建てられた。

今も使われる許昌の古い農具
三国時代から2千年近くになるが、現在も許昌の農民には当時の農具を用いて耕作するものがある。そこには素朴な伝統が息づいている。

三国石辟邪《へきじゃ》（許昌市博物館蔵）
許昌故城から出土した曹魏皇室の陵墓前の鎮墓獣。

許昌の春秋楼
200年の下邳の戦いで、劉備の2人の妻と関羽は曹操に捕えられ、許都の同じ屋敷に住わされた。関羽はこの屋敷を2部屋に分け、2人の嫂に使わせ、自分は疑いを避けるために、夜の間『春秋』を読み、寝《やす》まなかった。春秋楼とは、孔子がまとめた春秋時代の魯国の年代記『春秋』を、関羽が読んだ建物である。

許昌

曹操が献帝をおいた許昌は、後漢最後の25年間の都であり、漢魏交替の舞台でもあったが、中国都城史上、とくに重要な意味をもつようである。唐の長安宮城に典型的にみられるように、北側半分に宮殿、南側半分に官庁街を配置し、その中間を東西に大通りが走り、この通りに官庁街の中央を南北に走る大通りがT字型にまじわるというのが、東アジア都城の内部配置の典型であり、日本などにも伝わっている。この型式がいつ始まったかが問題で、漢の長安はそうではないし、後漢の洛陽も、内城内部に、南北２宮があって、この形ではない。通説では、この形が始まったと推測されるのは曹操が改建した鄴《ぎょう》である。ところが、周囲９里139歩（明『嘉靖許州志』巻８）の許昌の内部を、南北に分け、北側に宮殿を描く地方志がある。許昌の地方史家が、許昌を鄴によくにた形に描いて説明してくれたのを聞いた記憶があるが、もしそうだとすると、鄴の原形は許昌ということになる。いずれにしても、東アジアに大きな影響をおよぼした宮城配置が、曹操に始まったらしいことは、間違いなさそうだ。

許昌の灞陵橋
『三国志演義』では、曹操はこの橋のたもとで関羽に追いついたとある（27回)。伝えによると、唐の画家、呉道子がこの橋で「挑袍図」を描いたという。

灞陵橋　許昌城の西８里のところの清泥河に架かっている。伝えによると関羽は、曹操から与えられた「漢寿亭侯」の印を掛け、金を封して庫におさめ、曹操への辞去の手紙を残して、１人で甘・糜２夫人を守りながら、河北にいるという兄・劉備のもとに出発した。この橋のたもとまで来た時、曹操が追いつき、関羽に錦の袍《ひたたれ》１襲《しゅう》（ひとそろい）を贈った。関羽はそれに罠があることを警戒し、馬の手綱を握ったまま、馬上から刀でそれを拾いあげ去っていったという。この橋は石を組んだ石橋であり、傍らには、1672年（清の康熙11年）に建てられた関帝廟がある。廟は建物が中庭を囲む三進院の形式をとり、大殿の中央には関羽の馬上で手綱を握った像、両側には車に乗った甘・糜２夫人の像が配されている。

毓秀《いくしゅう》台　許昌市張潘郷の漢魏故城の西南の隅に、高さ15m、面積約4000㎡の大きな土台がある。これが漢の献帝が天地を祀った祭祀の場所である。ここから西へ５里のところに、献帝の墓、その南に張妃と潘《はん》妃の墓がある。

鄴城旧址とその名勝

鄴城の旧址は今の河北省臨漳県の域内にある。漳水が中央を東西に横断し、北鄴城と南鄴城とに分れる。『水経注』濁

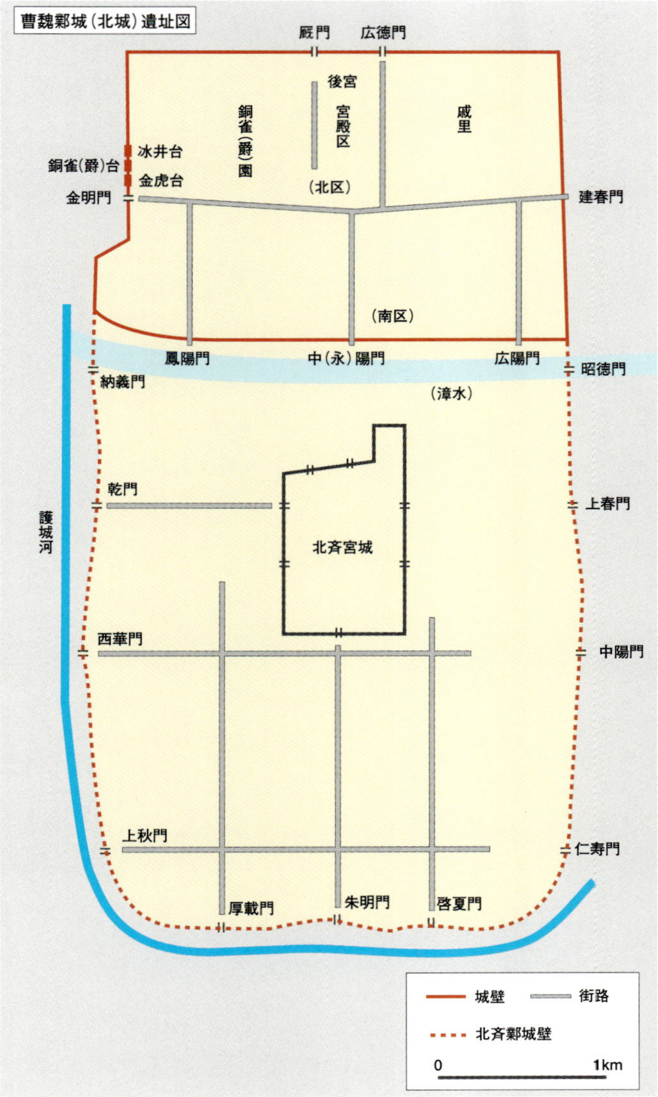

漳水条と晋の左思の「魏都賦」によると、曹操は袁紹を討ったのち、鄴都を造営した。城は長方形をとり、南区が居民区であった。北区は中央部が宮殿区域となり、その東側が貴族高官が集り住む“戚里《せきり》”と官庁区域、西側が銅雀園とよばれる御苑である。御苑内には武器庫・厩舎・倉庫が設けられていた。御苑西側の城壁中央からやや北よりのところには、金虎・銅雀・冰井という3つの台《うてな》が築かれ、城全体を見渡す一番高い場所にあった。

銅雀台　『水経注』は、台の高さは10丈（24m）、その上に築かれた宮殿の広さは100余間（「魏都賦」では101間）もあったと記している。『三国志演義』のなかに次の一節がある（44回）。曹操は呂布を捕え、袁紹・袁術の二袁を破り、さらに劉表の衆を配下におさめた勢いをかって、兵を江東（呉）に向けた。呉の老臣はほとん

許昌の華佗墓　華佗《かだ》（？～208）は後漢末期の名医で、内科・外科・婦人科・小児科に精通し、麻酔剤を発明した。とくに外科手術に優れた腕を発揮し、腹部の手術も行えたという。曹操の招きに応じなかったために殺された。

河北省鄴城の銅雀台址（正確には金虎台）　曹操が銅雀台を建てたのち、曹植は「銅雀台の賦」1篇を作った。この賦はその後、諸葛亮が故意に曲げて引用して周瑜を激怒させ、呉が劉備と連合して曹操にあたることにつながったと伝えられる。

鄴城の金虎台の側面

鄴城の銅雀台発掘現場
中央後方の土盛りが銅雀台址。

ど降伏を主張した。諸葛亮は、周瑜を怒らせて曹操と戦わせるために、わざと、曹操が銅雀台を建てたのは喬玄《きょうげん》（橋玄）の美貌の娘、大喬と小喬を娶りたいがためだといった（大喬は孫権の兄・孫策の妻、小喬は周瑜の妻である）。あわせて曹植《そうしょく》《そうち》の「銅雀台賦」を故意に違えて、「二喬を東西に攬《と》る」と引用した。諸葛亮は、妻を守れないだろうと強調することで、周瑜を大いに怒らせ、劉備と連合して曹操に対抗することを決断させたのである。しかし実際の曹植の原文は、「二橋を東西に連ぬ、長空の螮蝀《ていとう》（虹の意）の若し」であり、橋によって銅雀台と東西両台とを繋ぐ、と言っているだけのことであった。のち漳水の度重なる氾濫の結果、銅雀台は早くに原形を留めなくなってしまった。

今日、鄴城旧址内には、地表にわずかに銅雀台と金虎台の遺跡が残されている。銅雀台の遺跡はその東南角の、南北50m、東西43m、高さ４～６m分だけが残っている。金虎台は南北120m、東西71m、高さ12mが現存する。もとの建物はとっくの昔になくなったけれども、残された遺跡から、おぼろげながらも昔日の栄華を窺うことができるだろう。

洛陽旧址

漢魏時代の洛陽故城は、今日の洛陽市の東15kmのところにある。魏の文帝・曹丕が洛陽を再興した時、城壁や構造においてはほとんど後漢のものを踏襲したが、軍事上の必要から一部改造を加え、鄴城にならって城の西北角に「金墉《きんよう》城」を建設した。この城は南北に３つ並んだ小城からなり、平面でみると“目”の字形になる。金墉城は、北は邙山にかかる高い地勢上にあり、洛陽城全体が俯瞰でき、攻撃と防衛において敵の高みにたつ要害である。魏の時代、帝や皇后や太子の廃位されたものや大臣で罷免されたものは、多くが金墉城に送られ拘禁された。

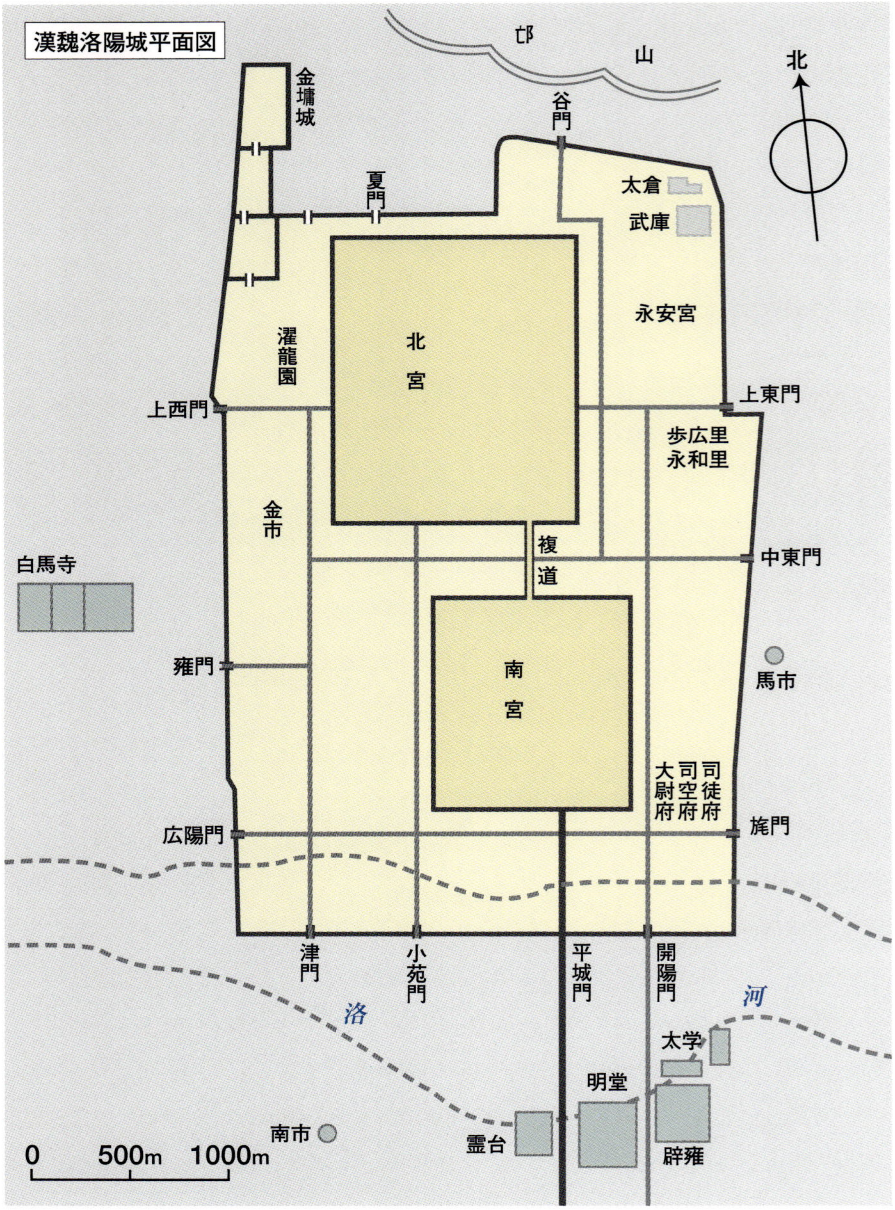

（右頁上）漢魏洛陽故城の西壁南端の城壁跡　洛陽は後漢の都であり、後漢末期の動乱のなかで戦火に見舞われたが、それがもつ政治的戦略的位置から、曹丕（文帝）は魏建国後またここに都を定めた。

（右頁下）洛陽白馬寺　後漢・明帝が建立した中国最初の寺である。伝説では、蔡愔《きいいん》・秦景（蔡景？）の2人が取経のために西域に赴き、天竺僧を迎えて帰り、あわせて白馬に仏教経典を乗せて持ち返った。明帝はこの寺を建て、白馬寺の名を賜った。

この他にも曹魏政権は、洛陽城の西と北の城壁を補強したが、あわせて西壁と北壁および金墉城の外壁に、そこから突き出た墩台《とんだい》を増設した。これは城本体を強化するとともに、攻めてきた敵兵の動きを監視し、かつ彼らを挟撃するのに便利なように考案されたもので、中国古代築城史における1つの発明であった。

三国都城の規模の比較

三国時代の有名な都城には、魏関係では、洛陽、鄴城《ぎょうじょう》、蜀に成都、呉では武昌と建業（現、南京）がある。この5城のうち、現在その地上の遺構と調査で、ほぼ外形のわかるのが、洛陽、鄴城、武昌の3城、現在の市街地が上にかぶさり、ほとんどわからないのが成都と建業である。この5城の規模についての文献記事と実測値は以下の通りである。（　）内出典。

洛陽	東西6里10歩　南北9里70歩（『晋元康地道記』）
	東西2460～2700m　南北(南端は消失)3400～3900m（『考古』1973-4）
鄴	東西7里　南北5里　（『水経注』巻10）
	東西2400m　南北1700m（『考古』1990-7）
成都	記事なし(ただし、『華陽国志』には、秦が周囲20里の城を築くという)
	実測値なし
武昌	記事なし
	東西約1000m　南北約500m（『江漢考古』1993-2）
建業	周囲20里19歩（『建康実録』巻7注）
	実測値なし

7　蜀漢の悲歌、東逝の水

鄂《がく》（湖北省）から蜀《しょく》（四川省）に入り、あるいは益州（蜀）から荊州（鄂）を攻めるのに、最も近い戦略路は、疑いも無く長江の三峡である。三峡は巫《ふ》峡・瞿塘《くとう》峡・西陵峡をまとめた呼び名で、西は四川省奉節から東は湖北省宜昌に至るまでの、曲りくねった流れや、激流や危険な浅瀬などを多くもつ全長93kmの峡谷である。ここは代々群雄たちが争った要害の地であった。

三国時代、三峡の地で起こされた有名な軍事行動は2回ある。1回目は211年劉備が軍勢を率いて三峡をさかのぼり、益州を奪取して蜀を建てたことである。もう1回は221年劉備が大軍を率い流れに乗って東下し、荊州を攻めようとして、夷陵で敗れたことである。この後、蜀呉両国は三峡地区に多くの兵力を駐屯させ、長期にわたり対峙をつづけることになる。そのため、三峡の両岸には多くの三国期の遺跡が残されているが、なかでも名を知られるのが葛洲壩《かつしゅうは》、黄陵廟、白帝城、張飛廟などである。

葛洲壩

宜昌の葛洲壩はもと“擱《かく》洲”という1つの砂洲の名で、船はよくここで座礁した。“擱（座礁する）”と“葛”の音が近いことから、“葛洲”と訛ったのである。三国時代、呉の名将・歩騭《ほしつ》がここに城を築いたという。今日の葛洲壩にはもはや昔日の激流や危険な浅瀬はなく、全国最大の水利総合センターができている。

長江上流からみた葛洲壩

西陵峡劉封城の古軍塁

四川省広漢の雒城軍塁

▶蜀は三峡の両岸に沢山の軍塁を設け、有利な地形をおさえ、精兵を駐屯させて呉に対抗した。

(次頁）三峡　昔よりここは群雄たちの争いの場となった。蜀軍は呉や魏との戦いでは、ここから水陸一体で長駆荊州へと攻め入ることができた。

宜昌の張飛擂鼓台

黄陵廟

葛洲壩よりやや上流の長江南岸に黄陵廟がある。ここには次のような神話がある。

禹《う》が治水にあたっていたころ、土星が黄牛に変身して治水を助け、長江の流れが通じたのち、岩石に飛び上がり、その姿を岩壁に留めたと。213年、龐統が戦死すると、諸葛亮は命を受け荊州から四川に入り、劉備を助けて劉璋《りゅうしょう》を攻めることになった。船が西陵峡に入ったところで、諸葛亮は江の左岸の石壁に一神仙の姿を認めた。傍らには黄牛がいた。そこで彼は「黄牛廟記」を作ったという。

張飛の擂鼓台

西陵峡を過ぎると、長江を臨む石壁に“張飛擂鼓台《らいこだい》”と大書された文字がみえ、

船上の旅人の目を引きつける。その峰の頂に自然にできた平地があり、そこに一代の名将張飛が太鼓を打って演武する勇姿の像、張飛擂鼓像が置かれている。擂鼓台の付近には劉封《りゅうほう》城がある。西陵山の北峰の一番高い所に位置し、面積は6600㎡近くあり、蜀の武将・劉封（劉備の養子）が三峡の押えにした軍塁であるとされる。

湖北省宜昌の黄陵廟
廟は長江に臨み、堂々たる造りは人を威圧する。廟内には、唐宋の詩人、李白・白居易・欧陽修《おうようしゅう》・黄庭堅《こうていけん》・陸游《りくゆう》ら多くの文人の詩文が残る。清の後期には武侯祠も建てられた。廟内に「黄牛廟記」の石碑が立てられている。

白帝城白帝廟

白帝廟山門

▶劉備は夷陵の戦いで敗れると、白帝城に逃げ込み、臨終の際、諸葛亮に息子・劉禅を託した。この話によって白帝城は広く人々に知られる場所となった。城内に劉備と諸葛亮を祀る白帝廟がある。

白帝城

白帝城は四川省奉節県城の東13里（6.5km）の、長江北岸の山上にある。前漢の末に群雄が割拠したとき、公孫述はここに来て城を築き王を称した。城内に1つの井戸があり、そこからいつも白色の霧気がたち上っており、祈祷師がそれを「白竜出井」と占った。そこで公孫述はみず

からを“白帝”と称した（紀元25年）。彼の死後、人々は山の上に白帝廟を建て彼を祀ったのである。

221年夏、帝位についてわずか4か月の劉備は、急遽関羽の仇を報いんとして、大軍を率いて長江を下り、孫権を攻めた。翌年、蜀は水陸両方から軍を進め、呉と夷陵で決戦することにした。その結果、蜀軍は戦略上の誤りを犯し、呉軍によって「火は連ねたる営《じんや》七百里を焼く」（『三国志演義』84回）事態を招き、劉備はほうほうの体で白帝城に逃げこみ、まもなく病死した。

四川省奉節の白帝城
山頂にみえる白い建物が白帝城。

白帝城の大殿には、劉備、諸葛亮、関羽、張飛の塑像が祀られているが、本来の当主たる公孫述の姿は見えない。白帝廟が「白帝城に孤(＝孤児、劉禅のこと)を託す」で有名な劉備の故事によって、主体が入れ替えられてしまったことによる。当時、病篤くなった劉備は、諸葛亮を白帝城に召し、国家の全権を委ね、こう言った。

君、才は曹丕に十倍す。必ず能く国を安んじ、終《つい》に大事を定めよ。若《も》し嗣子《しし》(跡取り息子)輔《たす》けべくんば、之を輔け、如《も》しそれ才あらずんば、君自《みずか》ら取るべし

と。諸葛亮は涙を流しこう答えた。

臣は敢《あ》えて股肱《ここう》の力を竭《つく》し、忠貞の節を效《いた》し、之を継ぐに死を以てす

(『三国志』諸葛亮伝)

と。劉氏に対する忠誠心を表わしたこの一段は、「誠に君臣の至公、古今の盛軌」(『三国志』先主伝評)と称えられてきたところであり、白帝城に新たな光彩をあてたのであった。唐宋時代になって、ここに先主廟と武侯祠が建てられた。現存する白帝廟は、主に明良殿、武侯専殿、観星亭などから構成されている。

八陣の図

白帝城の山下に、長さ1500m余、広さ約600mの砂洲が広がる。『水経注』によると、諸葛亮はかつてここで八陣の図を設け、縦横各8行、計64の石積みを残した。『三国志演義』では、呉の将・陸遜《りくそん》が兵を率いて誤ってそのなかに入ってしまうと突然暴風が起こり、砂を飛ばし石を走らせ、呉軍の将士はなす術を知らなかった、と描写する(84回)。詩人杜甫はこう詠い、その遺跡を称えたのであった(杜甫「八陣図」)。

功は蓋《おお》う三分の国
名は成る八陣の図

四川省奉節の八陣図遺迹
劉備は夷陵の戦いで陸遜に大敗したのち、残りの兵を率い白帝城に逃れた。呉軍はすぐその後を追い、蜀軍の死者は多数にのぼったが、諸葛亮が漁腹浦《ぎょふくほ》に設けておいた“八陣の図”のお蔭で、呉軍の行く手が阻まれ、劉備はかろうじて窮地を脱することができた、と伝えられる。

江流るるも石転らず
遺恨なり呉を呑むを失す

これは有名な“水八陣の図”のことであるが、別に“旱《かん》八陣の図”が陝西省勉県の定軍山にあった。

雲陽飛鳳山麓の張飛廟
張飛は生前赫々《かくかく》たる戦績をあげたが、最後は部下に殺された。伝えによると、彼の首級は水に流されて雲陽まで至り、1人の漁師にその地で埋葬された。以後人々は雲陽に廟を建て、張飛を祀ることになった。

張飛廟

四川省雲陽県の張飛廟は、正しくは“張桓侯廟《ちようかんこうびよう》”といい、張飛の首を葬って建てたものである。四川省閬中《ろうちゆう》県には張飛の墓があり、彼の体を埋葬した場所といわれる。なぜ張飛の遺体は2か所で埋葬されることになったのか。

伝えによると、はじめ張飛は、関羽のために仇を報いんとする気持ちすさまじく、部下に3日のうちに服喪を表す白の甲冑《かつちゆう》を揃えるよう厳命し、それに違えば斬るとした。部将の張達と范彊《はんきよう》（『三国志演義』では范疆）は死刑を恐れ、張飛が酒に酔って眠っている隙に殺してしまった。事件は閬中で起き、劉備はすぐに現地で埋葬させたが、張飛の首は張達・范彊によって江（嘉陵江《かりようこう》）に投げ込まれ、流れにしたがって下り、雲陽に至

雲陽張飛廟の助風閣

って止まった。張飛はある年老いた漁師の夢枕に立ち、こういった。「わしは呉とは並び立たない立場にあり、死んでも呉のやつとは会いたくないのだ。どうかわしをここに埋めてくれ」と。こうしてここに張桓侯廟ができたのであった。

廟は雲陽県の長江南岸の飛鳳山《ひほうさん》麓にあり、宋、元、明、清の時代、改修と拡張が行われた。廟内にある助風閣は、軒の彫りが精巧で、典雅さのなかに古朴さを感じさせる佇まいである。ここを通る船はいつも張飛の加護を受け、追い風に乗って一気に30里も進んだという。人々はそこでこの助風閣を建て、崇敬の気持ちを表わしたのである。その美徳を讃えたこのような詩もある。「銅鑼《どら》は古《いにしえ》より渡る、蜀の江東に。多く謝す、先生が順風を賜るを」と。

8　蜀道の難、青天に上るより難し

洛陽は後漢の首都であった。諸葛亮が「出師《すいし》の表」のなかで示した北伐の目標は、「漢室を興復し、旧都に還る」ことであった。つまり魏を滅ぼし、都の洛陽に帰ることである。

成都から洛陽に進攻するには３つの道がある。１つは長江に出て、江陵・襄陽から洛陽を取るもの、１つは漢中から漢水にそって東に出、直接洛陽を取るもの、いま１つは漢中から、長安・潼関を通って洛陽を取るもの、である。しかし関羽が敗れた後は荊州経由の道は使えず、諸葛亮はやむなく“隆中の対策”で示したところの、２方面から魏を挟撃するという戦略を放棄して、漢中に兵を駐屯させ、ここを対魏の基地としたのである。

関中（長安一帯の盆地）と成都の間には、秦嶺と巴山（大巴山系）が横たわり、ここを通って関中と蜀の地をつなぐ山道を人々は“蜀道”と呼んだ。山は高く谷は深く、道は幾重にも曲がりくねり、昔から蜀道は進み難しといわれていた。かつて唐の詩人・李白は、驚いてこう詠ったものである。

噫吁嚱《あああ》　危い乎《かな》　高い哉《かな》
蜀道の難きは青天に上るよりも難し
……爾来　四万八千歳
秦塞《しんさい》と人煙を通ぜず　（「蜀道難」）

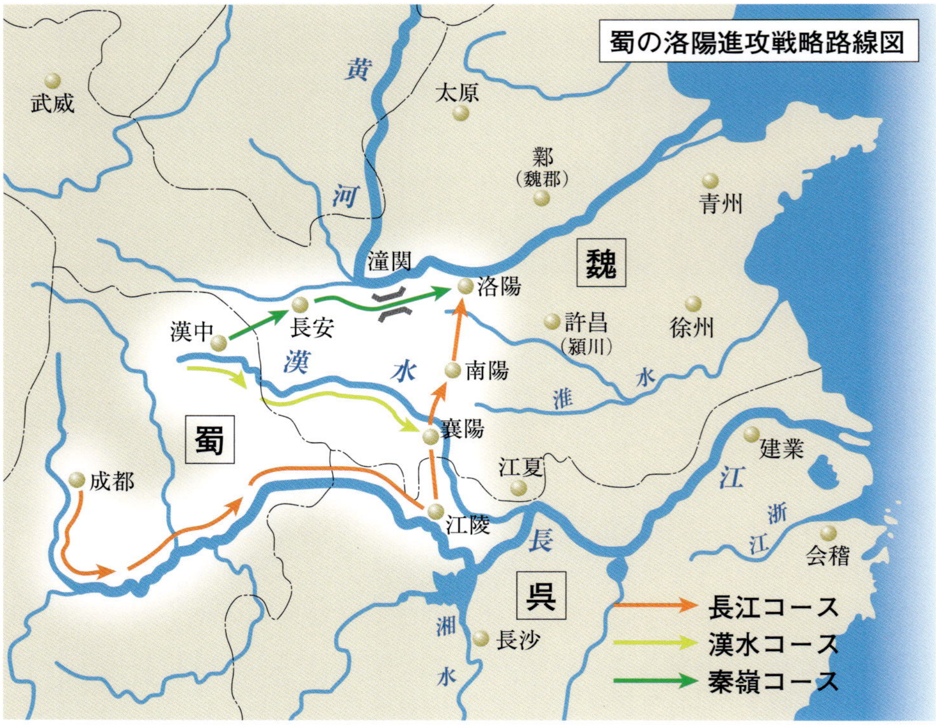

（右頁）
四川省剣閣の三国古道（蜀道）

四川省広元の明月峡

▶四川は中国で最も険要といわれる地区で、外部への交通はすべて起伏の険しい蜀道に頼るという、守るにやすく攻めるに難い土地であった。古蜀道は剣閣を起点に、南は閬中、西は梓潼に至る延長150kmの道程であった。蜀の末年、国力は衰弱したが、なお一定期間維持できたのは、蜀道による無視できない力のお蔭であった。明月峡の険しさは他に比べるものがない。

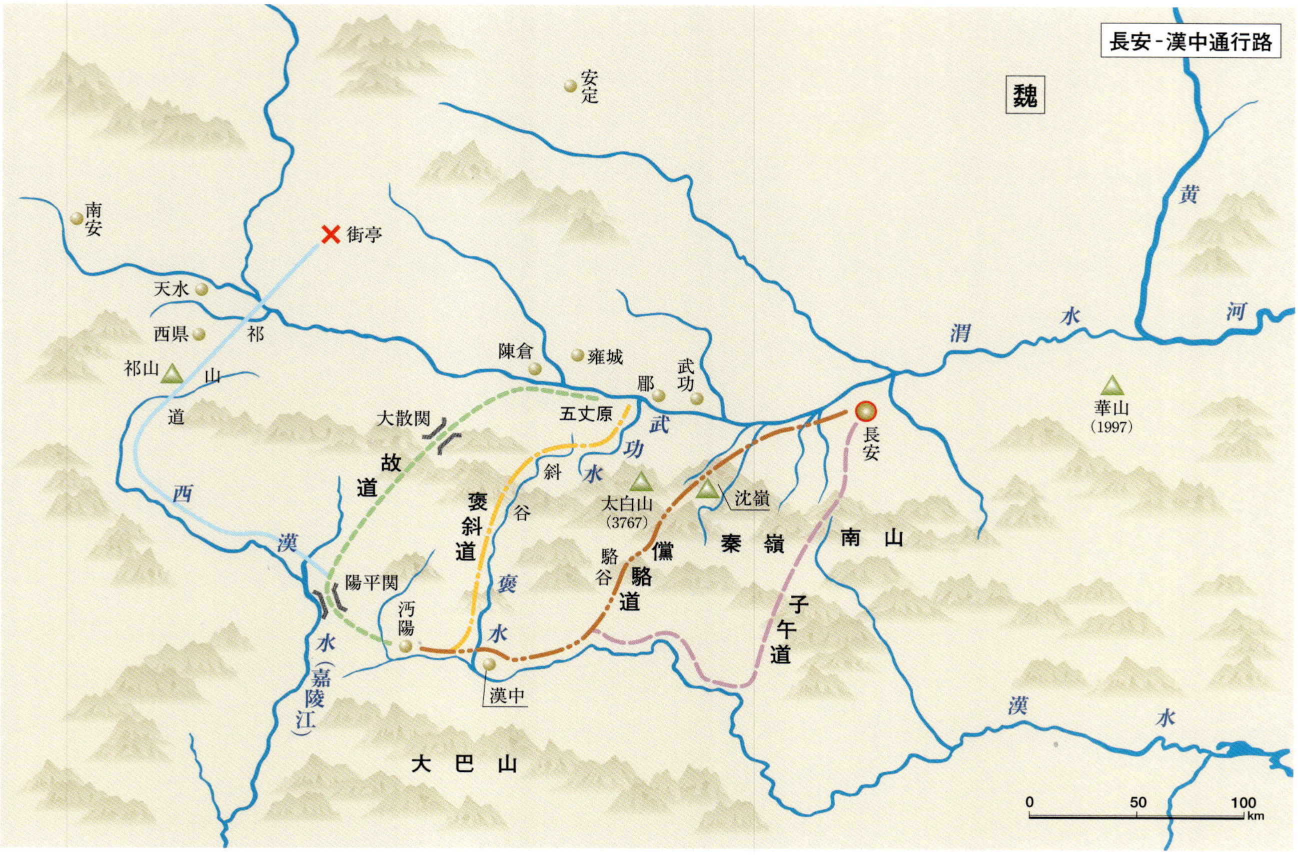

漢中より関中に出る戦略ルート

漢中から関中に出るには秦嶺を越えるのだが、当時その作戦ルートが4本あった。1は故道《こどう》、2は褒斜道《ほうや》、3は儻駱道《とうらく》、4は子午《しご》道である。

故道　陽関大道とも呼ばれる。関中から漢中にでる最も近道で、南は沔陽《べんよう》（陝西省勉県）西北の陽平関から大散関（散関）を経て、北の陳倉（陝西省宝鶏市）に至る。この道は他のルートに比べて道路は平坦であり、平時であれば使いやすいが、戦争となると真っ先に塞がれ、別の道が開かれることになる。戦時にはかならず争奪の地となることから、かえって最も危険なルートとなるのである。

215年、曹操が陳倉から散関を経て、漢中の張魯を討伐したのは、このルートであった。その後、曹操は劉備との漢中争奪に敗れ、退却する時、散関以南の桟道をすべて燃やし、ルートぞいに城を築き精兵を配して守らせたのであった。諸葛亮は第2次北伐の時（228年）、この桟道の一部を修復して、ひそかに散関を越えて陳倉を襲撃させている。

秦

秦嶺　山並みの険しい秦嶺は、関中と巴蜀との間に横たわる。その間をぬって互いの死命を制する要道ができ、「一夫関に当れば万夫も敵しない」形勢によって、歴代群雄たちの争奪の地となった。三国時代も激しい争いの焦点となった。

陝西省関中の褒斜道
斜水の斜谷北口。

（右頁上）褒斜道の南口の漢中石門ダムと秦嶺の山並み

褒斜道　南の口は褒谷《ほうこく》と呼び、漢中市の褒城の北10里（5km）にある。北の口は斜谷《やこく》と呼び、郿《び》県の西南30里（15km）にある。谷の長さは470里（235km）、曹操が「五百里の石穴たるのみ」（『三国志』巻14劉放伝注「孫資別伝」）といったのは、ここを指してのことである。途中かならず太白山の西斜面を越えなくてはならない。ここで斜谷の水は西南に流れ、散関の東南から故道側へと流れ至ることになり、伏兵を置くのにうってつけの地形である。ゆえに当時の人は、

斜谷は阻険にして以て進退し難く
転運は必ず鈔截《しょうせつ》（略奪）さる

（『三国志』巻22陳羣伝）

といったものである。229年に魏の大将軍・曹真が蜀を討った時と、234年に諸葛亮が五度目の北伐に出た時には、ともに褒斜道から兵を動かしたのである。

儻駱道　南の口は儻谷《とうこく》と呼び、洋県の北30里（15km）にあり、北の口は駱谷《らくこく》と呼び、周至県の西南120里（60km）にある。谷の長さは420里（210km）、そのなかの80里（40km）の道程は道が曲がりくねって84曲がりも数え、そのうえ沈嶺《しんれい》・衙嶺《がれい》・分水嶺の３つの高い尾根を越えなければならない。行軍は非常に厳しく、かつ敵の攻撃を受けやすかった。それゆえ魏・蜀両国の数十年におよぶ交戦中でも、１度も使われることはなかったのである。

石門

褒斜道は、北の渭水に注ぐ斜谷と、南の漢水に流れる褒水《ほうすい》をつたい、秦嶺山脈を南北に横切る間道である。その南の漢中への出口からすこしさかのぼった褒水下流の左岸に、石門はある。ここで褒斜道の桟道がつたう断崖からは、岩が大きく川に向かってせりだしていて、桟道を作りつけられず、この岩石をくりぬくトンネルが掘られた。それが石門なのである。作られたのは後漢の永平年間（紀元58～75年）、南側の入口が、高さ3.45m、幅4.2m、北側が高さ3.75m、幅4.1m、長さが東壁が16.5m、西壁が15mの巨大トンネルである。しかもこのあたりは、岩盤は強固で、工事現場はそそりたつ崖の中腹にあり、当時の難工事ぶりは想像を絶するものがある。中国古代土木工事の偉業の１つといってよい。そのため、多くの見物人がここを訪れ、感嘆して、称賛の文章をトンネルの壁に彫り付けた。有名な作品が13あり、これを石門十三品という。曹操の親筆「衮雪《こんせつ》」もその１つである。1967年から1973年にかけて、ここに褒水をせき止めるダム工事が行われ、石門も水没することになって、トンネル内部の壁の石門十三品は岩壁からそっくり切りとられ、いまは漢中博物館に移転、保管されている。

“衮雪《こんせつ》”
褒斜道石門刻石。陝西省漢中博物館蔵。曹操手書きの文字である。

（右頁）**金牛道**　三国時代、蜀に行くのに必ず通る道であった。

金牛道の路面
今日もなお中原から巴蜀に入る道路の1つであり、路面はすり減って、すっかり平坦になっている。

子午道　南の口は午谷《ごこく》と呼び、洋県の東160里（80km）の子午河谷にある。北の口は子谷《しこく》と呼び、長安の南100里（50km）にある。谷の長さは660里（330km）と、子午・儻駱・褒斜の３主要ルート中、最も長く最も険しい。秦末漢初、漢中王となった劉邦が漢中から関中へ攻め込んだのは、この道であった。しかしこの道は険しく、くねくねした状態がどこまでもつづき、しかも泥濘《でいねい》で足を取られ、大変難儀する。そのため後漢の順帝は、子午道を廃止し、褒斜道を通るようにと詔を出したほどであった。三国時代になって、子午道はまったく見捨てられたが、魏と蜀の交戦時、１度だけ魏の曹真が危険を冒し、軍を率いて子午道を越えたことがあった。諸葛亮の第１次北伐の時、魏延が自ら精鋭５千を率いて子午道から長安を襲うことを提案したが、諸葛亮は進退が大変難しいことを理由に、この冒険を認めなかった。

漢南より巴山を越える戦略ルート

漢南（漢中南部）の南には大巴山系が連なる。当時この山系を越える戦略ルートは３つあった。１は金牛道、２は米倉道、３は陰平道である。

金牛道　北は漢中の勉県から途中朝天嶺を経て、南は剣閣の大剣関口に至るもの。戦国時代（前４世紀末）、秦の将軍・張儀と司馬錯《しばさく》が蜀を滅ぼした時に切り開いた。伝えるところによると、秦の恵文王は漢中を得たのち、蜀の討伐を試みたが、切り立った狭い山道しかない。そこで５頭の石牛を作り、この牛は金の糞をすると偽った。自分の力におごり貪欲であった蜀王（蜀侯）は、５人の男に道を開かせ、それを引いてもどっていった。秦の張儀と司馬錯はその道をたどって蜀を滅ぼしたという。それゆえこれは“金牛道”とも、“石牛道”とも呼ばれる。四川省広元市の北約35kmの朝天駅付近、明月峡から青風峡に至る一帯、嘉陵江両岸の岩壁には、まだ多くの金牛道遺跡が現存している。

金牛道

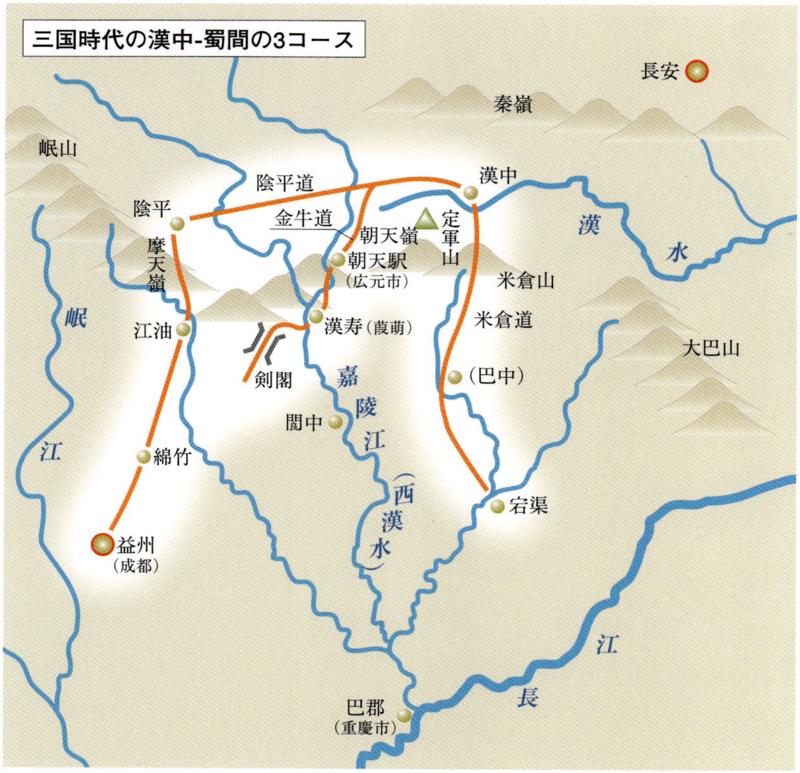

米倉道　北は漢中から米倉山を経て、南の巴中に至るルートである。建安年間、曹操は張部《ちょうこう》を遣《つかわ》し三巴（四川省東部）を攻略させた。張部はこのルートを進み、宕渠《とうきょ》（四川省渠県）まで進んだのち、張飛に敗れ逃げ帰った。

陰平道　場所が岷《びん》山・摩天嶺の陰（北）にあることからそう呼ばれた。陰平から南行して蜀に入るのに、もともと道路がなく、あるものといえば地元の農民が薪を採ったり、狩猟に使う小道にすぎず、ごく限られた者しか行き来しない。魏が蜀を滅ぼす時、鄧艾《とうがい》は選りすぐった兵士を率いて陰平から南下し、江油を経て綿竹に出、まっすぐ成都を突いた。これ以後、陰平道は広く知られるようになった。

蜀道の困難さは、山谷の険しさだけにあるのではない。一番大変な点は一部にまったく道になる場所がないということであった。しかし戦争や商人の通行などの必要性に迫られ、古人はなんと道のできない場所に、人力で道を作ったのであった。これが桟道《さんどう》である。桟道とは、深山峡谷の断崖絶壁に穴を開け、木を架け板を渡してできた人工の道である。清の人・顧祖禹《こそう》はいう、「山坂をすすんで行くと、途切れた場所に出る。そこに木を渡し橋のごとき道を通している。これが桟道というものだ。」上にあげた蜀に繋がる７本のルートのうち、陰平道を除く６道はいずれも桟道である。

褒斜道桟道遺跡　これら岩に掘られた穴は、三国時代に造られた桟道の遺跡である。桟道は長年補修されずに放置されたため、ほとんど残っていない。褒斜道に掘られた桟道の穴はみなこのようである。

（次頁）断崖絶壁上に造られた桟道（四川省広元）　桟道を支えるものはすべて木材である。桟道を補修するには、つねに木材を交換していく必要がある。世の激動を経験した三国時代の古道を保存しつづけることがいかに困難であるか分るだろう。

広元の桟道と索道（吊り橋）

蜀道石窟群　広元の嘉《か》陵《りょう》江《こう》の東岸の断崖に、北魏から唐代に至る寺院・石窟群・仏教造像が広い範囲で保存されている。また歴代の文人墨客が多くの題記や詩篇を壁面に残し、蜀道の名勝となっている。

（右）四川省広元の古桟道桟閣　桟道が設けられた一帯は、住む人は少ない。そこで旅人の食住と身の安全を守るために、古くから桟道数十里ごとに郵亭や桟閣なる施設が設けられ、食糧や草秣やベッドを配備し、施設を管理する担当者を置き、通行の便がはかられた。

先秦栈道

9　川北の鎮鑰　葭萌の古城

　剣門関の近くにひなびた小城――昭化城がある。三国時代、ここは「漢寿」とよばれた。諸葛亮は北伐に先立って、後主・劉禅にたいし、郭攸之《かくゆうし》・費禕《ひい》（『三国志演義』では費褘《き》）・董允《とういん》ら優れた人物を推挙したが、なかでも費禕は諸葛亮が非常に高く買った人材であり、蔣琬《しょうえん》亡き後、蜀の国政を取り仕切ったのは彼であった。蜀の都のある場所は宰相（費禕）にとって不吉であるという、ある風水学者の意見にしたがい、費禕は北の葭萌《かほう》に移り、そこに宰相府を設け政務を処理した。のち費禕は不幸にも魏が放った刺客に殺された。

四川省広元の葭萌関《かほうかん》址

広元の昭化城拱極門

拱極

昔ながらの五斗米教の布教活動風景（右2枚）　後漢末年、張魯によって始められた五斗米《ごとべい》教（五斗米道）は、陝西から四川にかけて広まった。広元一帯は交通が不便であるため、五斗米教は今日まで守られてきた。これは五斗米教の祭祀の儀式の様子とお祓い用の道具である。

陝西省勉県の馬超墓　馬超は三国時代のよく知られた武将である。葭萌関で張飛と激戦し、その戦いぶりを印象づけた。父・馬騰《ばとう》が曹操に殺された後、兵を出して曹操を攻め、曹操をして「呂布の勇に劣らない」といわしめた。最後に、劉備に招かれて降り、蜀の五虎将の1人となった。

『華陽国志』漢中志によると、費禕は死後葭萌城に葬られた。この葭萌が現在の広元市昭化古城である。『三国志演義』のなかの張飛が馬超に夜戦をしかけた場面は、葭萌関の地で起こったことである（65回）。昔の人は葭萌を、

北は秦隴《しんろう》（関中と隴西）に枕し、西は剣関に憑《よ》る。全蜀の咽喉にして、川北（四川北部）の鎮鑰《ちんやく》（おさえ）なり。

弾丸の城（きわめて狭い城）にして金湯の固め（堅固な防禦体制）有り。

などと表現している。城はもともと4門あったが、1門は壊れ、臨清・拱極《きょうきょく》・瞻《せん》風《ぷう》の3門が残っている。城外には、“筆架山”“牛頭山”があり、嘉陵江が城の横を緩やかに流れる。城を出たところには費禕の墓があり、墓前に祠が建っていたが、今は僅かにその跡が残るだけである。

10 蒼然たる天地 呉の王城

呉国都城の変遷

呉の政治の中心は、時局の変化や形勢との関係から、何度も移動した。孫策が江東を平定した後の6年間は、政治の中心は呉（呉郡。蘇州）にあった。孫権が位を継いでからの9年間も、都は呉にあったが、建安14(209)年、孫権は都を京口(鎮江）に移し、鉄瓮《てつおう》城を築いた。赤壁の戦いの後、孫・劉の盟約がなると、呉は一度曹操の徐州を併合しようと企図し、211年、孫権は石頭城を築き、政治の中心を建業（今の南京）に移した。建業は蘇州や鎮江より徐州に近いこと、加えて鎮江は長江の下流よりにあって、作戦指揮に不向きであることなどがその理由である。

しかしそののち、徐州は併合できないと見てとった孫権は、一転して劉備と長江中流域を争い、“長江全域を押えた上で、北上して覇権を争う”という方針に転換した。当時長江中流域の荊州は三分

今日の武漢三鎮

され、曹操は襄樊《じょうはん》以北を占め、劉備は湘水以西を“借り”、孫権は湘水以東を得ているだけであった。219年、病を理由に官を辞した身の呂蒙に、長江を渡って関羽の背後をつかせ、これを殺して荊州全域を得た後、孫権はこの新たに支配する地域を安定させるために、建業から公安（湖北省公安）に都を移した。1年後(222年)、劉備は夷陵の戦いで敗れ、荊州は完全に孫権の支配下に入ったのである。

その間彼は都を公安からさらに鄂《がく》城（鄂州）に移し、武昌と改名し、その下に武昌・飛雉《ひち》・潯陽《じんよう》・陽新・柴桑《さいそう》・沙羨《させん》の6県をあてた。このようにして鄂城を中心にして、西は沙羨（武漢市武昌）から東は潯陽（江西省九江）に至る長江中流域を固めた。孫権はその後さらに西は西陵峡口から、東は呉に至るまで、関羽が設けた烽火台の線を延長させ、長江の大半を掌中に収めたのであった。

229年、孫権は武昌で正式に帝位についたが、その後、蜀と協定を結び、魏の領土を前もって分けあうことにした。すなわち予・青・徐・幽の各州は呉のもの、兗・冀・并・涼の各州は蜀のものとし、司州の地（洛陽とその周辺の中心地域）は函谷関を境界とする。孫権はこの協定で蜀への懸念を完全に払拭すると、9月都城を建業にもどした。

36年後、孫権の孫の孫晧《そんこう》は、再度武昌に遷都したが、建業での華美な生活に慣れ親しんでいた江東の士族や北来の官僚勢力は、野獣出没する未開の地・武昌へ行くことを願わず、孫晧はわずか1年武昌にいただけで、都城を建業にもどすことを余儀なくされたのであった。

建業（南京）の石頭城

（次頁）武昌の樊水と長江の合流点
孫権はここに船着き場を設け、水軍を駐留させた。

武昌城（鄂城《がくじょう》）の護城河遺迹

武昌城

武昌（鄂城）が県の政治の中心であったのは、合計９年間ほどであった。この城の大規模な造営は、主として孫権が駐屯していた時期に行われた。武昌城は険要で、西が樊《はん》山（今の西山）と樊水で遮られ、東が壕《ごう》水と鳳凰台の高地で阻まれ、南は南湖（今の洋瀾湖）、北は長江に臨むという地勢であった。孫権はこの地勢を利用して、武昌城を長江ぞいに建てたのである。すなわち北の城壁と東の城壁はそれぞれ長江と壕水にそって築き、両方の流れを利用して護城河（堀）は設けなかった。西の城壁と南の城壁は堅固に作り、城壁の外側に監視と防衛のための墩《とん》台《だい》を築き、幅50～90mに達する護城河を配した。城全体で５つの門を置き、その方向にあわせた名がつけられた。

この築城に時期をあわせて、孫権は西郊の樊水と長江との合流点に船着き場を設け、水軍を駐留させた。また樊山と鳳凰台の頂上には烽火台を立て、兵を置いて監視にあたらせた。こうした自然の地形を利用して城壁を構えること、つまり天然の山水に助けを借りて防備を固める手法は、同時期の建業城や京口の鉄瓮城の造営法とまったく同じであり、江南の長江に臨む城の特徴がそこに集約されている。

湖北省鄂城の孫権の避暑宮

武昌南城壁と護城河（手前の畑）の遺址

武昌城の遺跡は、今の湖北省鄂州市鄂城の東約500mの所にあり、城壁や護城河や烽火台の遺跡は現存している。以前軍事区域として人の立ち入ることができなかった樊山は、現在風致地区として開放され、孫権の避暑宮・洗剣池・広宴亭・試剣石などが保存されて、日々大勢の観光客を惹きつけている。

11 天下第一の江山――江蘇鎮江

（右頁）呉の重鎮――鎮江

江蘇省鎮江は長江下流域の南岸三角洲の突端にある。三国時代、ここは京口と呼ばれ、呉の要衝であり、１度は呉の政治の中心となったこともあった。

北固山

長江の岸に立つ北固山は、前峰・中峰・後峰の三峰が連なり、南から北にむかって長江の岸まで伸びている。江に臨む山壁は、堅固な屏風のように険しく切り立つ。北固という名はここに由来する。208年、孫権は前峰に城を建てた。城の高さは3丈1尺（約9m）、周囲の長さは1000m余、形は甕（かめ）に似ていたため“鉄甕城《てつおう》”と命名された。城内は政治の中枢であり、孫権の政務をとる宮廷や役所と周瑜の将軍としての役所（幕府）があった。ちょうどここに居を定めていたときに、孫権と劉備の連合軍が赤壁で曹操軍を大敗させ、三国鼎立の幕が開けられたのであった。

212年になって、孫権は建業（南京市）に移り、鉄甕城の城壁は歳月の経過とともに早くに失われた。近年の考古学上の発掘によって、この地下に埋まった城壁の

江蘇省鎮江の北固山祭江亭
ここで孫夫人が遥か長江を隔て、夫劉備を祭ったという。

遺跡が少しずつ明らかになりつつあるが、現存する遺跡の姿から見て、三国時代の古城のなかでは、比較的完全な状態で埋蔵されていたものの1つといってよい。

甘露寺

甘露寺の門額

甘露寺

遠くから北固山を望むと、山上に幾重もの伽藍の屋根が長く連なり、まるで青龍が山頂に居座っているかのようにみえる。山峰にそびえる甘露寺は、265年（呉・甘露元年）に創建されたと伝えられ、唐代に再建された。兵火戦乱のため、寺の建物はたびたび壊されてはまた建てられ、現存するものは清代の建築である。“古甘露禅寺”と磚《せん》（煉瓦）に刻まれた門額は、長い間雨風にさらされながらも、なお昔のまま頭上高くに仰ぎ見ることができる。

『三国志』蜀書・先主伝には、劉備が荊州の牧となったのち、孫権は彼を警戒し、自分の妹を妻《めあ》わせ姻戚関係を結ぶことを考え、劉備はそれに応じて京口に至り、孫権に見《まみ》えた、という記事を載せている。盧弼《ろひつ》の『三国志集解《しつかい》』先主伝では、それを建安14（209）年春のこととする。『三国志演義』の“呉国太《ごこくたい》、仏寺に新郎を看る”（54回）では、孫氏と劉氏が姻戚関係を結んだ場面を甘露寺におき、両国の婚姻をめぐって険しい雰囲気のなかで智勇を闘わせあう、虚々実々の緊迫した駆け引きが演じられる。

龍埂

甘露寺の背後に、龍埂《りゅうこう》と名づけられた細長い尾根状の丘がある。両側は切り立った急な斜面で、100mほどが現存している。伝えられるところでは、呉の大将・賈華《かか》が武器を手に、伏兵と身を潜めていた場所である。もし呉国太（孫堅の第二夫人、孫権の母の妹）が劉備を婿取りすることに反対したら、賈華は伏兵を従えて寺に突入し、劉備を斬り殺す手筈になっていたが、この企みは劉備に見破られた。劉備は呉国太に泣きつき、彼女の力を借りて窮地を脱し、孫権に恥をかかせた。賈華もあやうく孫・劉対立の犠牲者となり、殺されるところであった。

多景楼

甘露寺と離れて向かい合う建物に、多景楼、祭江亭がある。いい伝えによれば、婚姻の女性側の主役たる孫夫人と密接な関係があるものという。多景楼は梳《そ》粧《しょう》楼《ろう》と呼ばれ、孫夫人がここで髪を梳《す》き化粧をし、身ごしらえをした。別名相婿楼《そうせいろう》というが、呉国太がここで劉備と面会したことからつけられた。後年、呉と蜀が仲違いし、劉備が戦いに敗れて白帝城で病死したが、孫権によって鎮江に留められていた孫夫人は、この訃報を聞くと、祭江亭で遥かに夫を祭り、その後、江に身を投げて死んだという。このようにして、人の心を揺り動かす悲劇の物語りが生れたのであった。

『三国志演義』によると、婿入りするために甘露寺に至った劉備は、眼前に広がる山水風景の美しさを見て、しきりに感嘆し、「天下第一の江山」と称えたという（54回）。また南朝梁の武帝・蕭衍《しょうえん》はかつて北固山に遊び、「天下第一江山」と書いて石に刻んだといわれる。後世、甘露寺の東の長廊下の壁面に嵌めこまれた石刻のその文字は、南宋の書法家・呉《ご》琚《きょ》によって模刻されたものである。今は“一江山”の３字が摩滅してはっきりしない。

甘露寺の山門の両側には対聯《ついれん》が次のように石刻されている。

　地は窄《せば》まり天は寛《ひろ》く
　江山　楚越に雄たり
　漚《あわ》は浮き浪は巻《さかま》く
　棟宇　孫呉に自《はじ》まる

これは、この名勝古跡がもつ雄大なる雰囲気と悠久なる歴史を的確に描写している。また南宋の文官・辛棄疾《しんきしつ》には、つぎのような有名な詩句がある。

　千古の江山、英雄
　孫仲謀（孫権）の処を覓《もと》むる無し
　舞榭《ぶしゃ》歌台　風流
　総て雨に打たれ風に吹去さる……

（『稼軒詞』巻２「永遇楽」）

　何れの処にか神州を望めば
　満眼の風光　北固楼
　千古の興亡　多少の事
　悠悠たり、尽きず長江滾滾《こんこん》として流る……

（『稼軒詞』巻３「南郷子」）

これらはわれわれに、英雄の時代に生きた人々を思い起こさせ、追慕の念を抱かせずにはおかない。

年画「荊州に回《かえ》る」
『三国志演義』にいう。劉備は嫁を娶るために呉に行くが、孫権は彼を蜀に戻すことを願わない。諸葛亮は一計を案じて、ついに劉備を呉から荊州に返させた。

甘露寺鉄塔　北固山上の甘露寺の境内にある。唐の衛公・李徳裕が最初に建てたため、衛公塔ともよばれる。三国志の物語と重ねあわせて有名となった寺の歴史を支えてきた。もと7層あったが落雷のため上部は失われている。

狠石と走馬澗

甘露寺の北に腰を落して座る１つの石像がある。形は羊のようで、狠石《こんせき》と名づけられている。風采はパッとしないが、孫・劉連合を目撃した歴史の証人である。言い伝えによると、孫権がある時その上に腰掛け、劉備（一説には諸葛亮）と、曹操にどう対抗するかの大計を練ったと言われる。

晩唐の詩人・羅隠《らいん》の「狠石を題す」なる詩に、

紫髯《しぜん》（＝孫権）桑蓋《そうがい》（＝劉備）
此こに沈吟す
狠石猶《な》お存す
事尋ぬ可し……

とあるのは、孫と劉が狠石によって曹操への対抗策を論議している情景を彷彿とさせる。

しかし、孫氏と劉氏は魏に対抗するために婚姻関係を結びながら、その実あらゆるところで相手を疑い警戒し、抗争していた。あるとき孫権、劉備の両人が長江べりに立って景色を眺めていた。風浪が立つなかを悠然と航行する船を見て、劉備は船頭の腕前の高さを称賛してこういった、「南人は船を駕し、北人は馬に乗る」と。心のなかで劉備を疑っていた孫権は、自分が馬に乗れないだろうと劉備に馬鹿にされたと思った。孫権はすぐに馬の背中に飛び乗って、甘露寺北の狭い尾根道ぞいに走り、劉備もこの様子を見ると馬に飛び乗って追いかけた。この“走馬澗”は、今日みると山の縁にそい、下は深谷に臨んでいる。当時彼らが、いかに高度な騎馬の技と人並み外れた胆力をもっていたかが想像できる。

走馬澗　劉備と孫権が騎馬の技を競った所という。

江蘇省鎮江甘露寺の狠石　形状は羊によく似た石像で、かつて孫権がその上に跨がり、劉備と天下の大勢を論じたという。これはその場に立ち会った“生証人”であると伝えられる。

劉備と孫権の試剣石
伝えによると、石はもと1つであったが、孫権と劉備によって剣で四分されたという。

試剣石

寺の南の石山の下に、4つに割れた“試剣石”がある。これは孫氏と劉氏が互いに力試しをした跡である。『三国志演義』は、2人が曹操を破ることを祈願し、またそれぞれの想いをこめて、石に剣を振り下ろしたところ、石は割れ、2人は大変喜んだ、と記す（54回）。この結果、今にまでそのエピソードを伝える石の遺跡が残されたのである。

太史慈墓

山道を1段1段下り、石の小道をつたっていくと、寺の前方、山麓の松林のなかに、太史慈《たいしじ》の墓がある。太史慈は呉に帰順して、赫々たる戦功をたてた大将である。彼の胆力智力あるいは義侠心を示す数々の話のなかで、かの武勇絶倫たる“小覇王”孫策との、1歩も引かぬ白熱した戦いぶりこそは、後世の人に手に汗握る楽しさを与えたのであった（『三国志

鎮江北固山の麓の太史慈の墓

演義』15回）。墓は長い間、草木に蔽われ荒れはてていたが、のちに発見され、新たに修復されている。

江山　雨霽《は》れて青螺《せいら》（遙かな青い山並）を擁し
境界《きょうがい》（心もち）　憂いなく　楽しみ最も多し
昔日の英雄が目を凝らせし処
岩崖　旧に依りて風波に抵《あ》たる

（『三国志演義』54回）

鎮江にあるかつての呉の遺跡を漫遊し、“天下第一の江山”たる美しい風光を愛で、昔日の英傑を追憶し、縦横に歴史を論じ、気ままに過ぎし日に思いを馳せる。それは誠に「古今多少の事、都《すべ》て付す談笑の中」といった楽しみではないか。

12 楚境は天下に横たう
――江陵古城

江陵城、またの名荊州城は、中国の代表的な歴史文化を有する名城である。春秋戦国時代、ここは楚の都城となり、前後20代の国王が400年余にわたって統治した。当時中国南方最大の最も栄えた都会にして、楚文化の発祥地でもあった。その遺跡は、現在江陵城の北５kmにある楚の紀南城遺跡である。

今日の江陵城は、東周時代の楚王の行《あん》宮《ぐう》であった。ここに三国の時、関羽がはじめて江陵城を築いたと伝えられる。もとは土を積み固めて城壁を築いた土城であったが、その後何度も興廃を経たのち、1646年（清の順治３年）に磚《せん》（煉瓦）築の城が明代の基礎の上に再建され、現在に至っている。

楚の紀南城の南壁址
春秋戦国時代の楚の都城址、荊州（江陵）城の北５kmの場所にある。歴史に占める江陵の重要性の原点はここに求められる。

江陵城の建築

江陵城の城壁は、磚で築いた城壁部分と土で築いた城壁部分とが支えあってできており、一周の長さは約10km、城門が６つある。城壁の磚と磚の間および土台の部分は、石灰に糯米《もちごめ》を交ぜて作ったモルタルで接着されており、その堅固さたるや尋常でない。古城壁の６つの城門は、みな当地に関係する地理・歴史・習俗から取って名づけられ、迎賓門、公安門、南紀門、安瀾《あんらん》門、拱極《きょうきょく》門、遠安門という。そのなかの拱極門は柳門とも呼

荊州古城壁上の馬道

び、北の京《けい》都《と》（都）に通ずる大道であった。その昔、役人たちは新たな官や職のために異動する時、みなこの門から出立していった。送別にあたっては、ここで柳の枝を折り、それを挿して別れを惜しんだのである。

蘇軾は「荊州十首」の詩でこう詠っている。

柳門は京国の道
馬を駆りて春陽に及ぶ
野火　枯草を焼き
東風　緑芒（若草の芽）を動かす
北に行けば許・鄧（許州・鄧州）に連なり
南に去《ゆ》けば衡・湘（衡州・湘州）を極む
楚境（楚の領土）　天下に横たわるに
懐王（秦に降る）は信《まこと》に弱王たり

城の内外には、三国当時の遺跡やあとから付け加えられた遺跡があまたある。さらに、楚の音楽がのびやかに心に浸み入り、住民の気風も純朴であり、人々をどこまでも惹きつけて止まない。

（次頁）江陵城の北門

■後漢末三国年表

年.月	事項
184.2	太平道・張角挙兵、黄巾の乱はじまる。
189.4	霊帝死す、年34才。少帝弁、即位、年14才。
.8	何進殺され、袁紹、宦官2000余人を斬る。
.9	董卓、少帝を廃し、献帝を立つ、年９才。
	袁紹、袁術、曹操(155～220)等、洛陽より退去。
190.1	董卓、少帝を酖殺。山東諸将挙兵、袁紹盟主。
.2	長安遷都。
191.4	董卓、長安入城。
	冀州刺史韓馥、州を袁紹に譲る。
	公孫瓚、青州黄巾30万を破る。
192.4	呂布、董卓を暗殺。
	青州黄巾、兗州刺史劉岱を攻殺。
	曹操、兗州刺史に迎えられる。
.12	曹操、青州黄巾戎卒30万、男女100余万を降す。
193	袁術、劉表に迫られ、東遷。寿春へ。
	孫堅(157～193)、襄陽で戦死、37才。
	父(曹嵩)を殺され、曹操、徐州攻め。
194.2	劉備(161～223)、徐州刺史陶謙を救援。
	曹操、東進、陶謙・劉備を破る。
	呂布、兗州に入る。曹操、帰還。
.12	陶謙死し、劉備代る。
195	呂布、曹操に敗れ、劉備に奔る。
	孫策(175～200)、渡江。
	公孫瓚、袁紹と対立。
196.1	建安と改元。
	袁術・劉備連戦、劉備連敗。
.7	袁術、僭位。孫策、袁術と絶つ。
.8	曹操、献帝を許に迎う。曹操、大将軍、のち司空。
	呂布・袁術・劉備混戦。
197.9	曹操、袁術を東征。
198.9	呂布、劉備を破り、劉備、曹操に帰す。
	曹操、呂布を捉え、殺す。
	袁紹、公孫瓚を猛攻。
199.1	公孫瓚、自殺。
	袁術、北して袁紹に向かう。
	劉備、董承等と、曹操暗殺計画あり。
	劉備、曹操を離れ、袁術を迎撃。
.9	曹操、官渡に布陣。
200.2	袁紹、黎陽に進出、白馬を囲む。**官渡の戦い**。
.4	孫策、暗殺され、孫権(182～252)代る。
201	劉備、劉表に依る。
202.5	袁紹、死す。
204.7	曹操、鄴に入る。
205.1	曹操、袁譚を斬る。
.4	黒山賊、曹操に降る。衆10余万。
207.9	公孫康、袁尚・袁熙を斬る。曹操、華北統一。
	劉備、諸葛亮(181～234)と遇う。
208.8	曹操、荊州に出兵。
	荊州牧・劉表没し、次子劉琮嗣ぐ。
.9	曹操、新野に至る。劉琮降る。
	劉備、樊城を脱出、江陵に向かう。衆10余万。
	関羽、水軍数百艘、漢水を南下。
	魯粛、当陽で劉備と会い、孫権と結ぶを勧む。
	曹操の軽騎五千、急追して、当陽の長阪に及ぶ。
	劉備等敗走、関羽と合流、夏口へ。
	曹操、江陵に入る。
.10	曹操、江陵を進発。
	諸葛亮、柴桑に孫権を訪ね、抗戦を説く。
	曹操の書、孫権に至り、呉の幕僚会議。
	張昭等降伏論。魯粛・周瑜主戦論。
	周瑜、水軍３万を率いて先発し、劉備と合流。
	赤壁に曹操軍、周瑜・劉備軍対陣（**赤壁の戦い**）。
	黄蓋、計を勧め、周瑜火攻。
	曹操大敗、周瑜・劉備進撃。
	曹操､曹仁･徐晃を江陵､楽進を襄陽に残し北帰。
	周瑜、曹仁を江陵に攻む。
.12	孫権、合肥包囲。
	劉備、荊州南部四郡を領有。
209	劉備、荊州牧となる。

211.3	曹操、関中出兵へ。
	馬超・韓遂、潼関に拠る。
.8	曹操、蒲坂津より進軍、渭水に至る。
.9	馬超・韓遂、逃亡。曹操、長安入城。
.12	曹操の使、漢中の張魯に至る。成都動揺。
	益州劉璋幕下の法正・張松、劉備を迎えんとす。
	劉備、数万を率いて入蜀。葭萌関に張魯と対峙。
212.10	曹操、孫権に出兵。
	曹操に公・九錫の論あり。荀彧（163～212）自殺。
.12	孫権、救いを劉備に求む。劉璋、劉備と対立。
	孫権、都を建業(石頭城)に置く。
213.2	曹操、呉より撤退。
.5	曹操、冀州十郡を以て魏公となり、九錫を受く。
	劉備、進撃連勝し、進んで雒城を包囲。
	馬超、張魯と連絡、涼州で曹操に抵抗。
214.4	諸葛亮、張飛・趙雲を率いて入蜀。所在に勝つ。
	劉備、劉璋を成都に囲む。馬超、劉備に帰す。
.7	数十日にして、劉璋、成都開城。
	曹操、孫権を討つ。
215.1	曹操、娘を漢の皇后とす。
.3	孫権、荊州を求め、劉備拒絶。孫権、荊州派兵。
	荊州東西に分割。
.8	孫権、軍10万で合肥を攻め、逍遥津に敗る。
216	曹操、魏王となる。
218.9	曹操、長安へ。
219.1	劉備、漢中に夏侯淵を斬る。
.7	劉備、漢中王を称す。
.8	関羽、樊城に曹仁を攻む。
.10	曹操、遷都を図り、司馬懿これを止む。
	呂蒙、魯粛に代り、関羽を討つを勧む。
.12	関羽斬られ、孫権、荊州を得る。
220.1	(23日)曹操、死す。2．21高陵に葬る。
.10	(28日)曹丕、受禅。
221.4	劉備、即位。諸葛亮、丞相となる。
	孫権、武昌(鄂)に本拠を置く。
.7	劉備、呉に出兵。陸遜、これを防ぐ。

.8	孫権、魏に臣を称す。
222.閏6	**夷陵の戦い**。陸遜、劉備を破る。
223.4	劉備、死す、年63才。劉禅、立つ、年17才。
225.2	諸葛亮、南中に出兵。
226.5	魏文帝曹丕、没、年40才。明帝曹叡、即位。
.8	呉、魏の江夏・襄陽に進攻。
227.3	諸葛亮、「前出師表」を出し、漢中に出陣。
228.1	司馬懿、孟達を新城に斬る。
	蜀の第１次北伐。亮、祁山に進む。趙雲ら箕谷へ。
	張郃、馬謖を破る。
.3	亮、馬謖を斬り、漢中に帰還。
.8	孫権、曹休を撃破。
.11	亮「後出師表」。
.12	亮、散関に出、陳倉を囲む（第２次北伐）。
229.春	亮、建威に出、武都・陰平二郡を取る(第３次北伐)。
.4	孫権、即位。
230.6	魏の曹真、漢中進攻。
231.2	亮、祁山を囲む(第４次北伐)。司馬懿、長安進出。
.6	亮、退却。懿、これを追うも、張郃戦死。
234.2	亮、軍10万で斜谷より五丈原に(第５次北伐)。
.3	山陽公(漢・献帝)、没、年54才。
.5	孫権、軍10万、合肥に向かう。
	明帝、東征。呉軍、退却。
.8	亮、没、年54才。
237.7	魏、公孫淵を討ち、勝てず。
238.6	司馬懿、遼東に公孫淵を討つ。
.8	公孫淵、敗死。
239.1	魏明帝、死す。斉王芳、即位。
	司馬懿・曹爽輔政。
	倭の卑弥呼、魏に遣使、親魏倭王を受く。
241.4	呉、大挙魏を攻む。司馬懿、救援。
244.2	曹爽、10余万で蜀を攻め、勝てず。
245.2	呉・陸遜、没。呉に後継をめぐる争い。
247	曹爽、司馬懿を抑え、実権を握る。
249.1	魏、高平陵事変。司馬懿、実権奪還。
250.8	呉、太子和を廃し、魯王覇を殺す。

.12	魏、大挙南征。
251.4	魏・王淩、楚王彪を立て、司馬懿に敗れる。
.8	司馬懿(179〜251)、没、年73才。司馬師、嗣ぐ。
252.4	孫権、死す、年71才。孫権末子孫亮、即位。
.12	魏、呉を攻む。
253.10	呉、諸葛恪を殺す。
254.9	司馬師、斉王芳を廃し、高貴郷公髦を立つ。
.10	蜀・姜維、西北辺で活動。
255.1	魏・毋丘倹、起兵して司馬師を討ち、敗死。
.2	司馬師、戦傷死、司馬昭、嗣ぐ。
257.5	魏・諸葛誕、呉と結ぶ。
.6	姜維、魏を攻む。怨む声、道に満つ。
258.2	司馬昭、諸葛誕を破る。
.10	呉・孫亮、廃され、孫休、即位。
260.5	高貴郷公髦、司馬昭を討って、敗死、年20才。
.6	魏・陳留王曹奐、即位。
262.10	姜維、魏を攻む。
263.5	魏、蜀を攻む。
	鍾会、斜谷・子午谷・駱谷より漢中へ。
	鄧艾、狄道より沓中へ。
.8	姜維、剣閣を守る。
.10	司馬昭、晋公となる。
	鄧艾、江油道より綿竹に進出、諸葛瞻を破る。
.11	蜀・後主劉禅、魏に降る。人口94万、兵10万2千。
264.1	成都乱れ、鍾会・鄧艾・姜維、死す。
.3	司馬昭、晋王となる。
.7	呉・孫休死に、孫晧、即位。
265.8	司馬昭死に、司馬炎嗣ぐ。
.12	魏帝、司馬炎に禅譲。晋王朝成立。
268.1	晋、泰始律令公布。
272	晋・益州刺史王濬、大いに船艦を造る。
279.11	晋、大挙して呉を攻む。
	兵20万、数道より南進。
	王濬の水軍、上流より下る。
280.3	呉・孫晧、晋に降伏。
	4州43郡、人口230万。兵23万。

■三国領域州名一覧表

国	州名	今日の領域	州都名（現在地）
魏	司州	河南省北部・山西省南部	司州(洛陽。河南省洛陽市)
	予州	安徽省北部・河南省東南部	予州(河南省正与県北)
	冀州	河北省中部	冀州(河北省冀県)
	兗州	山東省西部	兗州(山東省鄄城県東北)
	徐州	江蘇省北部・山東省南部	徐州(江蘇省邳州市南)
	青州	山東省東部	青州(山東省青州市北旧臨淄)
	荊州	湖北省北部・河南省西南部	荊州(河南省新野県)
	揚州	安徽省中部	揚州(安徽省寿県)
	雍州	陝西省南部・甘粛省南部	雍州(長安。陝西省西安市)
	涼州	甘粛省中北部	涼州(甘粛省武威市)
	并州	山西省中部	并州(山西省太原市)
	幽州	河北省北部・遼寧省・朝鮮北部	幽州(北京市)
	西域長史府	新疆ウイグル自治区	西域長史府(新疆旧楼蘭)
呉	揚州	江蘇省南部・安徽省南部・浙江省・福建省・江西省	揚州(建業。江蘇省南京市)
	荊州	湖北省南部・湖南省・貴州省東北部	荊州(江陵。湖北省江陵県)
	交州	広東省・広西壮族自治区・海南省・ベトナム北部	交州(広東省広州市)
蜀	益州北部	四川省	益州(成都。四川省成都市)
	益州南部	貴州省・雲南省・ビルマ北部	庲降都督(建寧郡。雲南省曲靖県)

魏（曹氏）系図

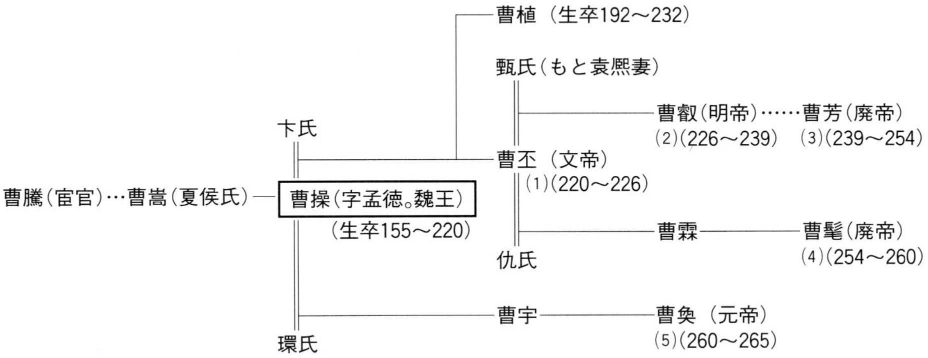
曹植（生卒192〜232）
甄氏（もと袁煕妻）
曹叡（明帝）……曹芳（廃帝）
(2)(226〜239)
(3)(239〜254)
卞氏
曹丕（文帝）
(1)(220〜226)
曹騰（宦官）…曹嵩（夏侯氏）
曹操（字孟徳。魏王）
（生卒155〜220）
曹霖
曹髦（廃帝）
(4)(254〜260)
仇氏
曹宇
曹奐（元帝）
(5)(260〜265)
環氏

呉（孫氏）系図

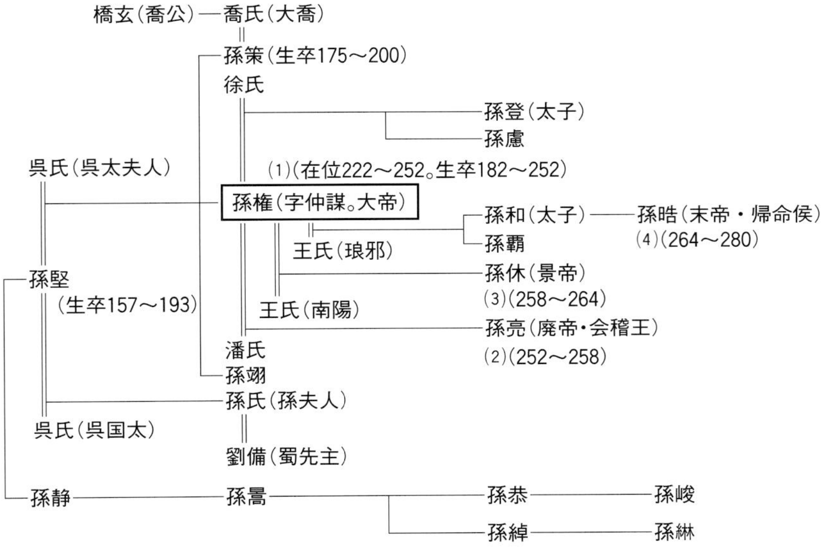
橋玄（喬公）
喬氏（大喬）
孫策（生卒175〜200）
徐氏
孫登（太子）
孫慮
呉氏（呉太夫人）
(1)(在位222〜252。生卒182〜252)
孫権（字仲謀。大帝）
孫和（太子）
孫皓（末帝・帰命侯）
(4)(264〜280)
王氏（琅邪）
孫覇
孫堅
（生卒157〜193）
孫休（景帝）
(3)(258〜264)
王氏（南陽）
孫亮（廃帝・会稽王）
(2)(252〜258)
潘氏
孫翊
孫氏（孫夫人）
呉氏（呉国太）
劉備（蜀先主）
孫静
孫暠
孫恭
孫峻
孫綽
孫綝

蜀（劉氏）系図

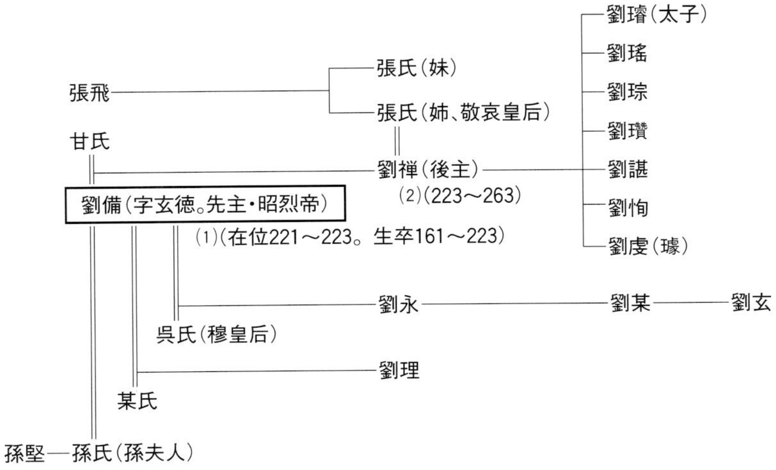
劉璿（太子）
劉瑤
張氏（妹）
劉琮
張飛
張氏（姉、敬哀皇后）
劉瓚
甘氏
劉禅（後主）
劉諶
(2)(223〜263)
劉備（字玄徳。先主・昭烈帝）
劉恂
(1)(在位221〜223。生卒161〜223)
劉虔（璩）
劉永
劉某
劉玄
呉氏（穆皇后）
劉理
某氏
孫堅
孫氏（孫夫人）

訳者あとがき

後漢末の黄巾の乱に始まり三国鼎立に連なる半世紀あまりは、中国史上にも他に例をみない激動の時代であった。そのなかを多くの人間味に溢れ、個性豊かな英雄たちが駆け抜けた。かれらは生と死、栄光と挫折、信義と裏切り、破壊と建設などの狭間で、みずからの可能性を求め、精一杯生き、時代を彩った。今日においてもなお、この時代が広く関心を集め共感される理由は、そうした人物たちの生きざまにあるといってよいかもしれない。

なぜこのような時代が到来したのか。これに先行する漢帝国、その長い支配の果てに、国家も社会も隅々に至るまで固定化が進んだ。秩序や身分関係はもとより、人々の意識や観念あるいは行動様式までもである。そして体制はみずからを変える力を失い、身動きがとれないまま民衆から遊離した。この行き詰まりを突破するためには、一度徹底的に現状を清算する必要があった。太平道という新興宗教に借りた黄巾の乱が口火を切り、董卓による破壊と殺戮がつづき、その後を群雄たちが互いにしのぎを削りあう、これこそ避けて通れない過程であったのだ。漢帝国の存在感が大きかった分だけ、その後にくる行動は激しく広範囲に、そして長期におよぶのは当然であった。

三国時代はこうして中国史の大きな節目として現れた。ここには殺戮や破壊、裏切りや不信が横行しながら、時代を包む空気は、決してじめじめとした印象を与えない。漢という重いくびきを解かれた人々が、それぞれの個性と才覚を頼りに動くことのできる場を見出したからである。それは男だけでない。女たちも自分を主張し始める。儒教一色から脱し、老荘の教えや清談、さらに仏教にも傾倒し、精神の解放を味わうのもこの時期からである。厳しい時代状況にもかかわらず、底流には前途への大きな希望と可能性が脈打つ時代、それが三国期のもう一つの特徴をなす。後世の人間がここに思いを寄せるのは、英雄譚とともに、そうした時代の息吹にあることも考えられてよい。

さて、三国時代に関心をもつ人達の多くは、一度は現地に足を運び、その遺跡や景観のなかで当時の英雄たちと立場を共有してみたい、との思いにしばしば駆られるはずである。原著・劉煒主編『図録三国的時代——人物・戦争・都城遺迹』（商務印書館（香港）、1996年）は、そうした思いに応えるべく、後漢の末から三国時代を生きた英雄たちの足跡を、今日の遺跡や土地の様子を映す写真や地図などから追いかけたものである。

三国志に関係する書籍はそれこそ数え切れないほどあるが、映像を前面に出したものはじつは必ずしも多くはない。またあっても、三峡や白帝城、成都や五丈原の武侯祠といったよく知られた場面が中心を占め、マイナーな遺跡などは除かれる。まして一冊の本の形をとってまとめて示されることは珍しい。それにたいして原著は、サブタイトルにみられる遺跡を中心に、可能なかぎり広く興味をかき立てるしっかりした写真を用意する。三国時代の動きや流れを説明する文章や構成も適切で、読者は文字と図像によって多彩な人物群像や戦いのあとを居ながらに知ることができるようになっている。そのようなところを評価し、主編者の劉煒氏の了解をえて、日本語訳に踏み切った次第である。

ただし日本語訳にあたっては、原著を一定程度改めたことを承知いただきたい。まず文章表現では、日本人読者に理解しやすくするため、中国語独特の言いまわしや修飾語などはそのまま訳すことは避けた。逆に、中国人には自明のことであっても、日本人読者にわかりにくいと思われるところは、冗長にならない範囲で随時説明を加えたり、表現を変えることもした。この点にも関連して、重要な事項や時代のポイントとなる部分には独自にコラムをつけ、読み手の便をはかった。地図や表でも、現著のそれでは日本側にはわかりにくいと考え、ほぼ全面的に作成しなおし、また追加もした。

なお原著では第5章として「三国時代の生活図録」があり、武具や交戦図、貴族生活の一端を示す道具類や娯楽図像、豪族の家屋模型や日常品などが示されていた。劉煒氏はこのためにさらに書き足してくれたが、しかしこの1章は本書全体の基調からみてやや異質に属し、示されている図像も格別目立つものは少なく、説明の文も簡単すぎる。そこで有効な図版はできるだけ4章までに使うことにし、第5章は省かせていただく結果となった。

訳出においてつねに念頭にあったのは、目の肥えた日本人読者のことである。そのため内容上の正確さや表記はもとより、全体への一貫性には極力気を配ったが、その場合、原著には一つの問題があった。三国時代を考えるときにしばしば直面する史書『三国志』と小説『三国志演義』との混同、つまり史実を伝えるのにフィクションを引用するなどの問題である。したがって日本語版では、そのような箇所は極力『三国志』の史実にもとづいて記述する方針をとり、原著に見られた混同を改めた。

そのような点をふまえ、本書はまず氣賀澤が全体を訳し、それを中村圭爾氏が目を通し、問題点を指摘してもらう形をとった。当初共訳を予定したのが、氏の勤務先の多忙さからそれができなくなった故であり、代わってコラムや年表、氏の所持する写真の提供などに協力を得た。ただそれらもふくめ、最終的には氣賀澤が全体に目をとおしてできており、もし誤りがあるとすれば、責任はそこにあると自覚している。なお原著の下訳や文章のチェックなどで、明治大学大学院生の菊地大、梶山智史の両君、それに高瀬奈津子氏の協力があったことを付記しておきたい。

原著者の劉煒氏とは2000年の9月の初め、北京の故宮博物院にある中国文物交流中心でお目にかかった。当日は土曜日のため閑散としたオフィスのなかで、翻訳にあたって生じたいくつかの疑問や問題点を質し、また新たな写真提供などの要望を伝え、あわせて日本人読者向けに上記のような変更を行うことの了解を求めた。氏は忙しい立場にもかかわらず、質問や要望に的確に答えた上、私が考える変更箇所について、よいものになればそれで結構ですと気持ちよく承諾してくれた。

最後に、本書を刊行するにあたって、最初から最後まで一貫してお世話になったのが、大修館書店の森田六朗氏である。そもそも原著の存在や主編者劉煒氏を紹介下さったのも氏である。中国史の魏晋南北朝から隋唐時代を教えるものとして、一度はあの三国志の世界に取り組んでみたいという年来の希望が、このような形をとって実現できたことに感謝したい。この仕事を通じて抱くことのできた時代像を大切に、今後もかかわる機会をもちたいと願っている。

2001年5月

氣賀澤保規

編著
劉　煒（リュウ・ウェイ）
1950年河南省許昌市生まれ
北京大学考古系卒業
中国文物学会秘書長
中国文物交流中心助理主任

編訳
氣賀澤保規（けがさわ・やすのり）
1943年長野県生まれ
京都大学文学部史学科卒業
現在、明治大学文学部教授
文学博士

翻訳協力　コラム・年表作成
中村圭爾
1946年和歌山県生まれ
大阪市立大学文学部史学科卒業
現在、大阪市立大学文学部教授
文学博士

写真提供
劉　煒
中村圭爾
氣賀澤保規
中国文物学会対外連絡委員会
C.P.C.

地図作成　ワイズ・クリエイション
装丁・本文レイアウト　井之上聖子

図説 三国志の世界

初版発行　　2001年6月20日

編著者——**劉　煒**
編訳者——**氣賀澤保規**
発行者——**鈴木一行**
発行所——株式会社**大修館書店**
〒101-8466　東京都千代田区神田錦町3-24
電話03-3295-6231（販売部）　03-3294-2221（大代表）
振替00190-7-40504
［出版情報］http://www.taishukan.co.jp

印刷所——日本写真印刷
製本所——三水舎

ISBN4-469-23216-5　Printed in Japan